Réussir sa carrière grâce au Personal Branding

Groupe Eyrolles
61, bd Saint-Germain
75240 Paris Cedex 05
www.editions-eyrolles.com

Mise en page : Istria

Dépôt légal : février 2009
N° d'éditeur : 3812
IMPRIMÉ EN FRANCE

Achevé d'imprimer le 18 février 2009
sur les presses de l'imprimerie « La Source d'Or »
63039 Clermont-Ferrand
Imprimeur n° 12401

ISBN : 978-2-212-54318-6

Olivier ZARA

Réussir sa carrière grâce au Personal Branding

Gérer son identité et sa réputation professionnelles

EYROLLES

Sommaire

Préface

de Loïc Le Meur

En France en particulier, il est souvent impopulaire de faire son autopromotion. Pourtant, pour trouver un emploi ou progresser dans sa carrière, savoir mieux se faire connaître est important. Pour cela, vous devez devenir un *émetteur*, c'est-à-dire la meilleure source d'information possible sur vous-même ! À titre d'exemple, voici les outils de partage en ligne que j'utilise régulièrement : mon blog pour les articles de fond (loiclemeur.com), *Seesmic* pour les discussions vidéo avec ma communauté, *Twitter* pour les discussions textuelles, *Flickr* pour partager mes photos, *Youtube* pour les vidéos et *Delicious* pour partager mes liens favoris. Twitter et Seesmic sont des services complémentaires des blogs. Ces services de microblogging vous permettent en un clic de partager de courts textes ou des vidéos.

Depuis plus de cinq ans, à travers ces outils, je partage mes idées et des moments de ma vie au format texte, audio, photo et vidéo. Cela a changé ma vie car j'ai pu créer au fil du temps une communauté active. En donnant des informations de qualité, je reçois une aide permanente de ma communauté que ce soit dans mes activités personnelles ou professionnelles. Mais, le plus important, c'est de partager des informations comme vous le feriez avec un ami : « pour le plaisir ». Dans ce cas, le partage ne doit pas se limiter à des communiqués de presse ou à une brochure publicitaire. Vous devez apporter de l'information à valeur ajoutée ou apporter un moment de plaisir ou de détente. *A contrario,* si vous êtes obsédé par le fait de vous promouvoir ou de promouvoir vos services, vous courrez à l'échec. Partagez donc simplement sur vos passions, en particulier vos passions professionnelles ! Si vous êtes réellement passionné, cela se verra et vous aurez naturellement une communauté qui se formera autour de vous.

Une des clés du Personal Branding est l'authenticité : ne pas tricher sur vous-même, soyez tel que vous êtes avec vos qualités et vos défauts. Mais, il faut aussi savoir se distinguer de ce que font les autres. La vidéo est sans doute le meilleur moyen pour se démarquer ; c'est l'une des raisons pour lesquelles j'ai créé Seesmic. Peu de personnes dans le monde utilisent la vidéo pour partager sur Internet. En créant quelques vidéos régulièrement sur votre expertise professionnelle ou vos passions, votre communauté, vos amis ou vos clients apprécieront. Vous pourrez plus facilement les fidéliser.

Que vous soyez salarié, freelance ou dirigeant, le Personal Branding est à votre portée. Si diffuser et partager des anecdotes et un contenu de qualité sont des actions essentielles, que ce soit sur Internet ou sur d'autres supports, être toujours à l'écoute de votre communauté est peut-être encore plus important.

Que trouve-t-on sur vous sur Internet quand on effectue une recherche sur votre nom ? Est-ce conforme à votre image de marque ? Comment mieux vous faire connaître (identité) et reconnaître (réputation) ? C'est l'objet du Personal Branding et vous trouverez dans ce livre les éléments essentiels pour réussir votre carrière professionnelle.

Serial entrepreneur et créateur de Seesmic, site de conversation vidéo et de la première web conférence européenne LeWeb, **Loic Le Meur** blogue depuis 2003. Sa présence en ligne *via* son blog, twitter et autres réseaux sociaux en fait une *personal brands* reconnue dans le monde. *Business Week* l'a placé, en 2008, parmi les 25 personnalités les plus influentes sur Internet dans le monde. Son blog loiclemeur.com Twitter twitter.com/loic

Remerciements

À ma femme Fanny pour son soutien constant dans ce long projet.

À mon fils Théo et ma fille Naomi qui vont voir leur père un peu plus souvent maintenant que le livre est publié !

Aux lecteurs de mon blog sur le Personal Branding qui ont alimenté ma réflexion par leurs commentaires.

À la blogosphère tout entière pour toute l'intelligence collective que j'y ai trouvée, bien plus que dans tous les livres que j'ai lus.

À Michael Colemyn, directeur de l'institut du Personal Branding (*www.idpb.fr*) pour son soutien dès le début de ce projet.

À Christophe Deschamps par qui tout a commencé lorsqu'il publia son billet « L'indispensable gestion de la réputation numérique » le 6 février 2006 (*www.outilsfroids.net*).

Aux experts français du Personal Branding qui ont accepté de contribuer dans ce livre.

Aux relecteurs et en particulier :

Vincent Iacolare, fondateur et dirigeant de Synertal, *www.synertal.fr*.

Jean-François Ruiz, fondateur de l'agence PowerOn, *www.Poweron-Services.com* et blogueur sur *www.webdeux.info*

David Fayon, auteur de *Clés pour Internet* et *Web 2.0 et au-delà*, Economica, *http://david.fayon.free.fr*

Marc Verstaen, fondateur Lorienne SA et Beatware Inc., co-fondateur de Kachingle, ancien président de la chambre de commerce franco-américaine de San Francisco, *www.Kachingle.com.*

Édouard Steinthal, directeur formation internationale, Campus Veolia Environnement, *www.veolia.com*

Jean-Michel Cornu, directeur scientifique de la Fondation Internet Nouvelle Génération (FING), *www.cornu.eu.org.*

Joël Berger, dirigeant de TRIPÔLE, auteur de « Les trois sources de la conscience », « La théorie du tabouret », « Le management par adhésion » et « La vente émotionnelle », *www.tripole.fr.*

Émilie Ogez, responsable Marketing & Communication, XWiki, *www.emilieogez.com.*

Lilian Mahoukou, blogueur, *www.Doppelganger.name.*

Éric Seulliet, président de la Fabrique du Futur et directeur d'e-Mergences, *www.eric-seulliet.com.*

Olivier Amprimo, assistant director, Digital Resources and Services Division, Singapore National Library Board, *www.nlb.gov.sg.*

Denis Failly, consultant TransverSight, *www.entretiens-du-futur.com.*

Jean-Pierre Ledez, cadre dirigeant, *http://www.cv-20.net/cv/Jean_Pierre.ledez.*

Bernard Le Clech, fondateur d'Arkelan, *www.arkelan.com.*

Jean-Michel Putto, HR consultant, Génération Nouvelle, *www.generationnouvelle.com*

Florent Lafarge, manager E-Communications, Thales, *http://www.cv-20.net/cv/Florent.Lafarge.*

Introduction

Qu'est-ce que le Personal Branding ?

L'expression « Personal Branding » a été utilisée pour la première fois en 1997 par Tom Peters dans un article de la revue *Fast Company*. Le Personal Branding est ensuite devenu une méthode pour mieux gérer sa carrière, en particulier grâce à Peter Montoya et William Arruda. Ils en sont les principaux concepteurs. Le Personal Branding s'implante maintenant en Europe et en particulier en France où l'on trouve de nombreux experts. Depuis 2004, le développement rapide du Web 2.0 a permis de donner de nombreux outils aux professionnels engagés dans une démarche de Personal Branding.

Une méthode unique et innovante

Le Personal Branding adapte à un professionnel (une personne) des techniques conçues pour le développement des marques d'entreprises. À ces techniques de marketing et de branding ont été ajoutées les méthodes classiques de développement personnel (connaissance de soi), ainsi que les techniques de communication et de gestion de carrière. Avec le Web 2.0, il intègre depuis peu de nouvelles techniques de gestion de l'identité et de la réputation numériques.

En résumé, le « Personal Branding » propose une *approche globale* en regroupant diverses techniques afin de répondre aux besoins des professionnels qui doivent se démarquer et montrer leurs talents face à des recruteurs, employeurs, clients ou prospects.

L'approche pluridisciplinaire nécessitait l'invention d'une nouvelle expression. Le « Personal Branding » est une expression à la fois percutante d'un point de vue marketing et en phase avec la culture matérialiste et utilitariste des Américains. Il est certain qu'un Français n'aurait probablement pas choisi cette expression car, en France, le mot « marque » est indissociable de la marque d'une entreprise ou des produits qu'elle vend. Un Français aurait choisi un nom plus humaniste comme « développement intégral ». Mais voilà, ce n'est pas un Français qui a inventé la méthode ! Le Personal Branding est le nom choisi par ses inventeurs et leur choix doit être respecté dès lors que l'on s'inspire de leurs travaux.

Cependant, il est parfois question de *personal marketing* ou « marketing personnel » ou encore *self marketing*. Le mot « marketing » renvoie à l'identité visuelle (logo, polices de caractères, couleurs, etc.) et aux supports que vous utilisez (cartes de visite, brochures, sites web). Le « personal marketing » décrit des actions liées à la dimension « Mieux se faire connaître » que nous aborderons dans la deuxième partie de ce livre. Le Personal Branding propose une démarche plus globale (se connaître, se faire connaître et se faire reconnaître) qui est centrée sur la valeur ajoutée professionnelle. En effet, le *branding* consiste à créer une marque forte sur laquelle le *marketing* pourra ensuite prendre appui. Sans une marque forte, le marketing est inefficace.

Pour traduire l'expression *Personal Branding* en français, la plupart des experts francophones utilisent le terme de « marque personnelle », mais ils utilisent aussi l'expression anglaise qui a l'avantage d'être plus implicite et conceptuelle. Certains experts américains commencent à parler de *professional branding* pour remplacer l'expression *Personal Branding*. On pourrait traduire par « marque professionnelle » ou « image professionnelle ».

À la question : « Qu'est-ce que le Personal Branding ? », on pourrait donc répondre : c'est une méthode pour gérer notre carrière en créant notre *marque personnelle ou notre marque professionnelle*, c'est-à-dire *notre marque en tant que professionnel*. Cette marque se définit à travers notre identité et notre réputation. En résumé :

Personal Branding	=	Gestion de notre marque personnelle / professionnelle	=	Notre identité professionnelle + Notre réputation professionnelle

Le Personal Branding est un concept ambigu puisque nous utilisons le terme « personnel » (*personal*) pour parler de la sphère « professionnelle ». Pour lever cette ambiguïté, le terme « personnel » doit donc être compris de la façon suivante :

- *relatif à la marque d'une personne* par opposition à la marque d'une organisation. Apple est une marque d'entreprise. iPhone est une marque de produit. Votre « Prénom + Nom » est votre marque personnelle ;
- une chose qui vous appartient. On pourrait dire que votre marque est un « effet personnel ». Votre prénom et votre nom vous appartiennent et permettent de vous identifier.

Cette ambiguïté (personnel/professionnel) est intéressante, peut-être même nécessaire, car l'une des dimensions les plus importantes du Personal Branding est la connaissance de soi. C'est l'objet de la première partie du livre.

Quels sont les enjeux du Personal Branding ?

Internet fait du Personal Branding un enjeu pour chacun de nous car il n'y a plus d'inconnus. Inutile de débrancher votre ordinateur, inutile de résilier votre abonnement à Internet, il suffit que votre voisin, votre collègue ou un ami publie des informations ou son opinion sur vous et vous ne serez plus un inconnu. Internet est une place publique mondiale sur laquelle va se construire votre image de marque. Bienvenue dans le monde merveilleux du « contenu créé par les utilisateurs » (*user-generated content*) ! Rassurez-vous, ce contenu produit par votre entourage sera probablement positif. Mais il y a le « positif » qui vous correspond et celui qui ne vous correspond pas.

Par ailleurs, étant donné que nous passons cinq jours sur sept au travail pendant la presque totalité de notre vie active, il est important en se levant le matin d'être heureux de partir au travail. Nous devons donc prendre un peu de temps pour faire en sorte que notre vie professionnelle soit la plus agréable possible en termes d'épanouissement, de plaisir, de développement de notre potentiel et si possible de rémunération.

Voici les autres enjeux du Personal Branding :

- vous démarquer, savoir communiquer et démontrer votre singularité, votre valeur ajoutée ;
- vous créer une notoriété suffisante pour :
  - que l'on pense à vous quand un besoin apparaît ;
  - être reconnu comme un expert ou comme compétent dans votre domaine ;
  - convaincre plus facilement vos interlocuteurs ;
- construire et mettre en avant vos forces, plutôt que de chercher à réduire ou cacher vos faiblesses, afin de montrer le meilleur de vous-même ;

- définir une stratégie de vie car « il n'y a pas de vent favorable pour celui qui ne sait pas où il va ». Cette stratégie vous permettra de prendre des décisions, des orientations en cohérence avec votre identité professionnelle.

Une démarche de Personal Branding demande du travail. Mais ce travail, vous le faites pour vous et non pour votre employeur. C'est un investissement sur vous-même et le retour sur investissement attendu est d'être heureux du lundi au vendredi et pas uniquement le samedi et le dimanche.

Certains sont choisis par leur travail : ils prennent ce qui passe. D'autres choisissent leur travail dans le cadre d'une stratégie de carrière qui s'appuie sur un plan d'action précis. Le Personal Branding est une invitation à réfléchir sur vous et à travailler pour vous.

Pour qui ?

On peut identifier trois publics pour le Personal Branding :

- les *dirigeants* qui veulent occuper des fonctions de plus en plus importantes dans des entreprises de plus en plus prestigieuses. Étant donné que les places de dirigeants sont peu nombreuses, la compétition est très forte. Cela concerne également les dirigeants politiques ;
- les *indépendants* (consultants, freelance) qui doivent gagner des propositions commerciales régulièrement et qui sont dans une compétition permanente avec leurs concurrents ;
- les *salariés* qui veulent non seulement garantir leur employabilité (pouvoir trouver un emploi rapidement en cas de chômage), mais aussi trouver un emploi en adéquation avec leurs passions, leurs valeurs et leur projet professionnel.

Ces trois publics n'ont pas les mêmes problématiques, ni les mêmes moyens financiers, ni le même temps disponible pour s'occuper de leur marque personnelle, mais ils partagent les mêmes enjeux.

Ce livre a été conçu sous forme d'un guide pratique pour ces trois publics même si certaines parties du livre semblent plus orientées vers les salariés, les dirigeants ou les freelances. Au final, tout le monde y trouvera son bonheur !

Le choc des cultures : de l'utilitarisme à l'humanisme

Le concept de « Personal Branding » n'est pas évident à comprendre pour tout le monde. Certains disent qu'il correspond plus à la culture nord-américaine qu'à la culture française. D'autres soutiennent qu'il s'agit de techniques pour « se vendre » comme des produits.

Voici trois questions qui vous permettront de prendre un peu de recul : avez-vous l'impression de vous vendre en rédigeant un CV avec le plus grand soin pour mettre en valeur votre formation, vos compétences, votre expérience ? avez-vous l'impression de vous vendre en rédigeant une lettre de motivation qui démontre que vous êtes la personne idéale pour cet emploi ou cette entreprise ? avez-vous l'impression de vous vendre quand vous mettez une belle chemise pour aller à un entretien de recrutement ? Si la réponse est « non », alors il faut aborder le Personal Branding comme la suite logique du CV, de la lettre de motivation et d'un entretien de recrutement.

Pourtant Marc Verstaen, entrepreneur expatrié aux États-Unis, pense que la réponse pourrait être « oui ». Voici son avis :

> « Je crains que les Européens et surtout les Français ne répondent "oui" à ces questions. Mais c'est justement cela que le Personal Branding veut changer. Passer d'une action de vente de soi (on vend sa force de travail, sa formation spécifique pour une tâche que l'entreprise souhaite voir réalisée) à une prise en

charge de son image et de ce que l'on est. Il s'agit justement de ne plus se vendre, mais de mieux se faire connaître et reconnaître pour que les autres souhaitent nous avoir dans leur équipe. »

Il ne s'agit donc pas de vous vendre, mais de savoir promouvoir ce que vous êtes capable de faire, de savoir mieux communiquer sur ce que vous pouvez apporter aux entreprises : compétences, expertises, expériences, savoir-faire, savoir-être, etc. Il s'agit aussi de comprendre vos motivations, vos passions, vos valeurs pour trouver votre voie parmi tant de chemins possibles.

Cependant, dans certaines cultures, le Personal Branding pose un problème, non seulement du fait de la terminologie qui contient le mot « marque », mais aussi du fait de la démarche en elle-même. Voici les raisons principales :

- *utilitarisme et matérialisme* versus *humanisme et idéalisme* : derrière les mots se cachent des cultures, des manières différentes de vivre et d'appréhender le monde. Le mot *branding* est compatible avec une culture utilitariste et matérialiste de type américain. Mais il heurtera une culture humaniste et idéaliste de type français. Le seul point de convergence entre les Américains et les Français est le mot *personal* qui renvoie à l'individualisme, mais qui pose un problème dans d'autres cultures !
- *À travers les religions, la culture de nombreux pays* pousse naturellement à ne pas se mettre en avant. Il faut être modeste. Mais, le Personal Branding n'est pas une invitation à devenir vantard, prétentieux ou arrogant. Entre modeste et prétentieux, il y a probablement une voie intermédiaire : faire simplement et efficacement reconnaître ses compétences et ses mérites ;
- *le partage de l'information* et, d'une certaine manière l'obligation de transparence, pose un énorme problème culturel dans certains pays. Cette question est d'autant plus sensible

qu'il s'agit d'informations personnelles. Créer un profil sur la place publique Internet est tout simplement un non-sens culturel pour beaucoup de personnes.
Or le Personal Branding consiste à savoir mieux se faire connaître. Dans la culture américaine, on est convaincu que l'on a plus à gagner qu'à perdre en mettant le plus d'informations possible sur la place publique. Dans la culture française, c'est l'inverse. Il faut éviter la dissémination d'informations personnelles, voir par exemple la loi Informatique et libertés. Les Américains voient ce qu'ils ont à gagner dans le partage, les Français ce qu'ils ont à perdre (*source* : Pascal Baudry, *Français & Américains : l'autre rive*, Village Mondial, 3e éd., 2007, p. 37 – livre disponible gratuitement en pdf sur *www.pbaudry.com*) ;

- *le goût pour l'implicite* : en France, domine une culture de l'implicite. On aime les non-dits, les sous-entendus. C'est le contraire du Personal Branding qui pousse à expliciter les valeurs, les ambitions, les projets et à structurer une démarche de communication claire et précise autour de ces mêmes projets. À l'inverse, la norme américaine est l'explicite. Le mot égale la chose. La carte est le territoire (*source* : *Français & Américains : l'autre rive*, p. 42) ;
- *le goût du contact humain*, le goût de la rencontre propre à la culture latine pose un problème dans une démarche où l'usage des technologies Internet est au moins aussi important que le face à face.

Au-delà de la culture d'un pays, on observera des différences entre générations face à l'usage d'Internet : *digital native versus digital immigrant*. Un « natif numérique » (ou *digital native* en anglais) est une personne ayant grandi dans un environnement numérique : ordinateurs, Internet et téléphones mobiles. Un (im)migrant numérique (ou *digital immigrant*) est un individu ayant grandi hors d'un environnement numérique et l'ayant adopté plus tard » (extrait de Wikipédia : *http://fr.wikipedia.org/wiki/Natif_numérique*).

Une partie de votre entourage aura donc du mal à comprendre votre démarche de Personal Branding. Certains vous encourageront, d'autres seront sceptiques et quelques-uns se moqueront de vous. Vous pouvez décrire et discuter avec votre entourage de votre démarche, mais n'attendez pas d'approbation ni d'encouragements. Le Personal Branding est un non-sens culturel pour certaines personnes. On ne peut donc pas les convaincre avec des arguments rationnels. Si vous décidez d'aller de l'avant, vous prenez une décision qui est cohérente avec votre personnalité et vos valeurs quoi qu'en pensent vos amis ou collègues.

La démarche

Le Personal Branding est une démarche en trois parties :

- première partie : mieux vous connaître (connaissance de soi) : découvrir votre mission sur terre, vos valeurs, vos passions afin de faire émerger et d'expliciter votre identité professionnelle ;
- deuxième partie : mieux vous faire connaître (identité) à travers des méthodes et des outils qui permettent de gérer et promouvoir votre identité professionnelle (première composante de votre marque personnelle) ;
- troisième partie : mieux vous faire reconnaître (réputation), c'est-à-dire être reconnu pour vos mérites par votre entourage professionnel et surtout par vos interlocuteurs (clients, prospects, recruteurs, employeurs). Il s'agit de savoir gérer votre réputation professionnelle (deuxième composante de votre marque personnelle).

C'est une démarche en trois parties et non en trois étapes. Cela signifie qu'il faut en permanence travailler et retravailler chaque partie dans la durée. Ainsi, on pourrait penser qu'il est plus logique de chercher d'abord à mieux se connaître (première partie) avant de chercher à mieux se faire reconnaître (troisième partie). Mais, l'analyse de votre réputation est un bon moyen de découvrir qui vous êtes et où sont vos points forts à travers le feed-back des autres (ceux qui parlent de vous).

L'objectif de ce livre est de vous guider en vous proposant les meilleurs outils et méthodes pour travailler sur votre marque personnelle. Il ne s'agit pas d'un traité, d'une encyclopédie qui présenterait toutes les méthodes et tous les outils. Ce livre ne s'adresse pas à des consultants en quête d'expertise sur le Personal Branding, mais à des professionnels qui veulent construire leur identité et leur réputation professionnelles. En résumé, ce livre ne vise pas l'exhaustivité mais l'efficacité !

De la rencontre en face à face au numérique, le Personal Branding est une démarche globale, intégrale. Nous opposons et nous opposerons encore pendant plusieurs années le monde physique et le monde virtuel (Internet). Or, chaque jour, ces deux mondes font beaucoup plus que coexister. En fait, ils s'imbriquent. Ils sont liés, surtout depuis l'arrivée du Web 2.0 qui permet une interactivité directe entre les utilisateurs sans passer par un tiers (média).

Ce livre prend acte de cette fusion du monde physique et virtuel. Il n'y a pas de démarches à engager dans un monde puis dans l'autre. Il y a un continuum dans les démarches, les actions. Il n'y a plus qu'un seul monde. Internet ne fait pas partie de la réalité virtuelle, il est notre réalité au quotidien !

Le livre se décompose en quatre parties :

- partie 1 : Mieux vous connaître ;
- partie 2 : Mieux vous faire connaître ;
- partie 3 : Mieux vous faire reconnaître ;
- partie 4 : Pour aller plus loin ! (cette partie permet d'approfondir quelques points).

Partie 1

Mieux vous connaître – Connaissance de soi

« Chaque homme a trois caractères :
celui qu'il a, celui qu'il montre,
et celui qu'il croit avoir »,

Alphonse Karr.

Cette partie est dédiée à la connaissance de soi dans un cadre professionnel. Nous sommes donc dans une logique de « développement personnel », mais avec une finalité professionnelle : la connaissance de soi en tant que professionnel.

Mieux se connaître, c'est être capable de définir son *identité professionnelle*. On pourrait la définir librement, mais malheureusement vous ne faites pas ce travail pour vous. Il ne faut jamais perdre de vue que votre identité professionnelle est destinée à un public particulier : entreprises, recruteurs, prospects, clients, etc. Ils ont des attentes, des exigences et vous devez y répondre.

Aujourd'hui, les entreprises ont l'habitude de définir votre identité professionnelle à travers :

- votre CV ;
- votre lettre de motivation ;
- un ou plusieurs entretiens en face à face ;
- éventuellement des tests de personnalité, graphologie, etc.

L'analyse de votre CV permet de définir vos aptitudes métier/fonction ainsi que vos compétences/expertises. Le but est de répondre à cette question : êtes-vous en adéquation technique avec le poste à pourvoir ou la mission à réaliser ?

L'analyse de votre lettre de motivation, les entretiens et les tests permettent de définir votre vision, vos valeurs, vos qualités humaines, votre personnalité et vos passions. Le but est de répondre à ces questions : êtes-vous en synergie avec les valeurs de l'entreprise (les valeurs du collectif) ? serez-vous capable de vous intégrer et de fonctionner dans votre future équipe compte tenu de votre personnalité ?

Pour être en cohérence avec ces questions, nous allons définir votre identité professionnelle en trois composantes :

- fonctions/métiers ;
- connaissances/compétences/expertises ;
- qualités humaines/valeurs.

Votre objectif est donc de construire votre identité à partir de ces trois composantes afin de répondre aux exigences de vos interlocuteurs.

Par ailleurs, le reflet de notre identité (ce que l'on pense de nous-mêmes) est notre réputation (ce que les autres pensent de nous). Les composantes de l'identité et de la réputation sont identiques. Nous aborderons en détail la notion de réputation (image de marque) dans la troisième partie. Sur la figure 1, au milieu du rond, on retrouve les trois composantes (métier + compétences + qualités) qui permettent de définir notre identité et notre réputation.

Figure 1 – Les composantes de votre marque personnelle

Bien que les composantes de l'identité et de la réputation soient identiques, il s'agit de concepts très différents comme nous le verrons tout au long de ce livre.

Par ailleurs, l'équilibre de notre vie repose sur trois piliers :

- personnel/famille ;
- social/citoyen ;
- professionnel.

C'est un peu comme un tabouret à trois pieds. Il n'est pas possible de rester assis sur un tabouret quand il manque un pied. Au mieux, nous nous retrouvons dans un équilibre instable. Être heureux, c'est être épanoui aussi bien dans sa vie personnelle, sociale que professionnelle. Si vous n'êtes pas heureux dans votre vie personnelle, cela impactera votre vie professionnelle et inversement.

Mieux vous connaître dans votre sphère personnelle et sociale est donc tout aussi important que dans votre sphère professionnelle. Cependant, si ce n'est pas l'objet de ce livre, il y contribuera indirectement car, pour répondre aux nombreuses questions de la première partie, vous ne pourrez pas toujours adopter une position seulement professionnelle. Pour comprendre votre identité professionnelle, vous serez probablement obligé de comprendre d'abord votre identité personnelle et sociale.

Par ailleurs, des éléments de votre identité personnelle et sociale peuvent être utiles pour définir votre identité professionnelle. Si vous êtes capitaine d'une équipe de football ou artiste dans vos loisirs, vous aurez peut-être envie de prendre cet élément de votre identité personnelle pour l'intégrer dans votre identité professionnelle.

Voici donc une consigne importante pour toutes les questions posées dans la première partie :

1. Répondez spontanément sans vous soucier du personnel et du professionnel.

2. Prenez ensuite le temps de définir ce qui est du domaine personnel et professionnel.

Exemple avec la première question : « Quelle est votre mission sur terre ? » De la réponse à cette question, vous pourrez faire émerger des projets personnels et professionnels.

Dans le domaine de la connaissance de soi, de la psychologie, vous verrez que le blanc et le noir ressemblent souvent à du gris. On doute souvent de la pertinence de ses choix, de ses décisions. Le questionnement est long et itératif. Il faut beaucoup réfléchir pour mieux se connaître !

Chapitre 1

Définir votre mission

Il s'agit de prendre un peu de hauteur par rapport à votre quotidien, c'est-à-dire votre métier, vos activités. Il n'est pas simple de réfléchir au sens profond de votre vie ou de définir votre mission sur terre.

Votre mission ?

Quelle est votre mission sur terre ?

Qu'est-ce que vous voulez apporter au collectif ?

Quand vous discutez avec vos amis, quand vous regardez les actualités à la télévision, quelles sont les trois situations ou problèmes, au niveau mondial, qui suscitent en vous le plus d'émotions (indignation, tristesse, espoir, joie) ? Ces situations ou problèmes peuvent être du domaine politique, économique, social ou technologique. Parmi ces trois situations ou problèmes, quel est celui qui vous affecte le plus ?

Le jour de votre mort, qu'est-ce que vous voulez avoir accompli sur terre ? Qu'est-ce que vous pourriez regretter de ne pas avoir fait dans votre vie ?

Formulez votre réponse ainsi :

- J'aurais aimé faire…
- J'aurais aimé savoir faire…
- J'aurais aimé connaître…
- J'aurais aimé faire connaître… (transmission d'un savoir)

Voici encore une autre façon de répondre à ces questions difficiles et de valider les idées qui vous viennent à l'esprit. Imaginez que vous gagnez au loto la modique somme de 100 milliards d'euros. Vous placez cet argent et il vous rapporte en moyenne 1 million d'euros par jour, parfois beaucoup plus. Au bout de quelques mois, vous avez plusieurs voitures, maisons, bateaux, etc. Malgré toutes ces dépenses, tous les cadeaux à vos amis, les voyages et donations à des ONG, vous gagnez toujours plus d'argent que vous n'arrivez à en dépenser. Bien sûr, au début vous ne travaillez plus mais l'ennui s'installe. Vous avez pris assez de repos. Vous avez besoin d'action. Tout cet argent ne suffit pas à donner un sens à votre vie mais il vous donne du temps pour y réfléchir. Alors, vous réfléchissez et vous décidez de… Vous décidez quoi ?

Pour découvrir qu'elle est votre mission sur terre, mieux vaut se dégager de toute contrainte matérielle pour faire naître un sentiment de liberté totale. Et si tout était possible, qu'est-ce que vous feriez ? Réalisez cet exercice en imaginant que vous avez réellement 100 milliards d'euros sur votre compte en banque, imaginez les premiers mois de votre nouvelle vie : peu à peu se dessineront les contours de votre mission sur terre. Pour cet exercice, vous devez vous isoler du bruit, des autres, fermer les yeux, vous allonger, imaginer, visualiser votre vie comme dans un film. Éventuellement, utilisez la phase d'endormissement le soir ou de réveil le matin.

Si vous êtes hyper-pragmatique, si vous vivez au jour le jour, vous trouverez probablement ces questions ridicules. Pourtant, c'est le point de départ, le commencement de toute votre vie, de toutes vos actions. Ce qui est implicite pour l'instant, va devenir explicite et prendre tout son sens. Si vous sautez cette étape, vous vous retrouverez dans la position de celui qui cherche des solutions à un problème qu'il n'a pas compris.

Votre objectif et votre plan d'action

Quand vous aurez trouvé votre mission sur terre, essayez de définir plusieurs objectifs pour la réaliser. Parmi tous les objectifs possibles, quel est l'objectif qui vous attire le plus ? Déclinez cet objectif en actions à réaliser sous forme de plan d'actions. En voici un modèle :

Description de l'objectif :
Ce que je dois faire pour y parvenir
Comment et avec qui ?
Quand ?
Critères de mesure
Points de vigilance

Plutôt que de choisir plusieurs objectifs et de ne rien faire parce qu'il y en a trop, il est préférable d'être modeste et de commencer par un seul objectif. Quand vous l'aurez atteint, il sera temps d'en fixer un nouveau.

Validation de votre mission et objectif

Réfléchir seul dans son coin, surtout sur ce sujet, n'est pas efficace. Il est important de faire valider votre mission sur terre, votre objectif et votre plan d'action par votre entourage social (amis, famille).

Dans un cadre convivial, commencez par discuter de votre mission. Si votre mission est validée, discutez de votre objectif puis une fois celui-ci validé, discutez de votre plan d'action. Si le collectif vous renvoie des signaux contraires, essayez de comprendre pourquoi. Le but n'est pas de changer de direction, mais de découvrir tous les obstacles à surmonter pour réaliser votre plan.

« Moi » est plus facile à définir et à comprendre avec 50 % d'introspection (ma réflexion sur « qui je suis ») et 50 % de feed-back de ceux qui me connaissent bien, c'est-à-dire votre famille et vos amis les plus proches.

Votre mission, votre objectif et votre plan d'action doivent être cohérents avec votre identité professionnelle. À la fin de la première partie, reprenez ces éléments et vérifiez leur cohérence.

Chapitre 2

Définir vos valeurs et vos passions[1]

L'intelligence culturelle, c'est la capacité à comprendre ses propres valeurs et celles des autres. Une valeur est une force intérieure à la fois physique et psychologique. Cette force s'exprime par des comportements au quotidien. Un ensemble de valeurs constitue une culture et cette culture se matérialise donc par un ensemble de comportements. Les valeurs sont à la base de nos émotions, croyances, idées et de notre processus de décision.

Lorsqu'il y a un décalage de valeurs entre vous et vos interlocuteurs, cela génère des incompréhensions et souvent des conflits. Ils sont d'autant plus violents qu'il ne s'agit pas de conflits d'idées, mais de conflits de valeurs qui touchent le plus profond de l'être. Ils sont d'autant plus importants que ces valeurs restent le plus souvent inconscientes. C'est pourquoi il peut y avoir un grand décalage entre le discours et les comportements.

1. Ce chapitre reprend des éléments déjà publiés dans mon premier livre *Le Management de l'intelligence collective*, M21 Éditions, 2e éd. 2008 (*www.axiopole.info*).

Nous pouvons résumer la situation ainsi :

1. Une valeur = une action (une manière d'agir).
2. Nos actions reflètent notre culture (synthèse de nos manières d'agir).
3. La plupart de nos actions ne sont pas la conséquence d'une décision, d'un raisonnement, d'une réflexion, mais d'une impulsion, d'une force intérieure dont nous n'avons pas conscience. Quelque chose nous pousse à agir ainsi.
4. Prendre conscience des valeurs qui guident nos actions, c'est développer son intelligence culturelle, c'est-à-dire comprendre pourquoi nous agissons ainsi et pas autrement.
5. Comprendre ses valeurs permet de comprendre celles des autres si nous acceptons le fait que nous sommes tous différents. Il faut accepter qu'une personne qui vit dans le même pays, la même ville que nous, qui travaille dans la même entreprise et qui exerce le même métier puisse pourtant être très différente de nous. Nous sommes tous uniques, c'est une chance, mais c'est aussi une source de conflits car qui ne souhaiterait pas que tout le monde agisse dans le même sens que nous ? Quand une personne n'agit pas comme nous, c'est comme si elle nous disait : « Tu es dans l'erreur. » Cela nous met en insécurité psychologique et peut déclencher un conflit.
6. Comprendre l'autre, accepter sa différence, c'est être capable de savoir mieux gérer sa relation à l'autre. Cela permet non seulement de mieux communiquer (donc de mieux se faire connaître – identité), mais aussi de mieux gérer la perception que les autres peuvent avoir de nos actions (donc mieux se faire reconnaître – réputation). Savoir expliquer pourquoi nous agissons de cette manière et expliquer aux autres pourquoi ils agissent d'une autre manière, c'est désamorcer des conflits qui peuvent détruire votre réputation professionnelle et créer une incertitude sur votre réelle identité professionnelle.

7. Votre identité et votre réputation professionnelles ne sont pas seulement liées à vos compétences, qualités humaines et aptitudes, mais aussi à votre intelligence culturelle. Cette intelligence vous permettra d'avoir des relations constructives et créatives avec votre entourage professionnel. Vous obtiendrez plus facilement des références professionnelles très utiles dans la gestion de votre carrière.

8. Ignorer votre culture, être incapable de comprendre l'interculturalité, c'est mettre chaque jour en danger votre identité et votre réputation professionnelles.

Comprendre votre culture pour mieux comprendre celle des autres !

Les relations humaines sont fondées sur des valeurs et ces relations sont plus performantes lorsque nous explicitons nos valeurs. Cependant 90 % de nos valeurs sont inconscientes car elles proviennent de notre héritage culturel (famille, éducation), de notre vécu, de notre expérience et des événements qui ont marqué notre vie. C'est pourquoi, il est important de cartographier nos valeurs par le biais de matrices et de questionnaires. Quand nous avons régulièrement le même comportement, cela signifie que nous avons une force intérieure qui nous pousse vers ce comportement et donc que cette valeur est forte pour nous. Cartographier les valeurs permet de définir la culture dominante d'une personne.

Le tableau 1 comprend vingt-sept valeurs réparties sur trois colonnes. Ce tableau et ses enseignements s'inspirent directement de la pyramide des besoins de Maslow, des travaux de Brian Hall qui a répertorié cent vingt-cinq valeurs universelles, et enfin de Paul Ray sur les créatifs culturels (voir le site *www.culturalcreatives.org*). Chaque colonne décrit en fait une étape dans l'évolution des valeurs depuis la survie jusqu'à l'harmonie entre l'être et son environnement.

La première colonne correspond aux valeurs de fondation. Ces valeurs sont particulièrement fortes dans notre jeunesse et elles contribuent à nous structurer. Elles serviront de socle pour permettre une évolution culturelle naturelle vers les valeurs de développement (deuxième colonne), qui vont progressivement prendre de plus en plus d'importance à l'âge adulte (30-50 ans). Ce sont les valeurs d'harmonie qui vont ensuite prendre de plus en plus d'importance (troisième colonne).

Tableau 1 – Les trois dimensions de votre culture

Fondation	Développement	Harmonie
Lois/Ordre	Équité/Justice	Harmonie/Paix
Territoire/Histoire	Éducation/Connaissance	Altérité/Diversité
Jeu/Loisirs	Sciences/Technologies	Coopération/Synergie
Famille	Communauté	Fraternité
Loyauté/Fidélité	Solidarité	Respect/Tolérance
Tradition	Performance	Écoute/Empathie
Propriété	Indépendance/Liberté	Responsabilité/Éthique
Sécurité	Travail	Idées/Innovation
Honneur	Compétition/Risque	Spiritualité
(Traditionnels – Passé)	(Modernes - Présent)	(Créatifs - Futur)
Management autoritaire	Management par objectifs	Management par la vision
Valeurs statiques	Valeurs dynamiques	Valeurs systémiques

Vous trouverez un questionnaire dans les pages suivantes pour réaliser un auto-diagnostic.

Nous avons chaque jour des comportements liés à ces vingt-sept valeurs. Nous portons donc toutes ces valeurs en nous. Mais, chacun les hiérarchise d'une manière différente. C'est ce qui fait notre singularité. Par ailleurs, cette hiérarchie évolue avec le temps. Certaines valeurs prennent plus ou moins d'importance tout au long de la vie en fonction de notre situation :

- les valeurs de la colonne 1 obligent à se conformer. Elles favorisent l'obéissance, le pouvoir, bref une relation inégalitaire. La relation humaine n'est pas constructive parce qu'elle se fait dans l'intérêt de celui qui a le pouvoir ;
- les valeurs de la colonne 2 incitent à l'échange, à la communication, mais on reste encore dans un cadre vertical inégalitaire ;
- les valeurs de la colonne 3 incitent à s'exprimer, à devenir acteur. Ces valeurs facilitent la co-construction des choses et la création de sens.

Ce tableau permet de distinguer trois types de culture. Voici comment les comprendre à travers leur rapport au changement :

- les traditionnels (colonne 1) représentent 25 % de la population et ils sont des leaders négatifs opposés aux changements quels qu'ils soient ;
- les modernes (colonne 2) représentent 50 % de la population et ils sont des suiveurs dans les changements ;
- les créatifs (colonne 3) représentent 25 % de la population et ils sont des leaders positifs favorables aux changements.

Les valeurs les plus primitives (colonne 1) sont celles qui permettent de prendre le pouvoir. Elles sont dominantes car elles s'appuient sur une énergie négative : *la peur* (le moteur le plus important de l'être humain). Dans une équipe, les traditionnels l'emporteront souvent sur les modernes et les créatifs car ils savent jouer sur la peur pour obtenir gain de cause. Si on vous dit : « Il faut fermer cette entité sinon nous allons faire faillite », vous aurez plus envie de suivre que si on vous dit : « La fermeture de cette entité se justifie pour des questions de préservation de l'environnement » (valeurs plus sophistiquées de la colonne 3).

Pour compliquer encore un peu les choses, les valeurs d'une même personne diffèrent selon que l'on se trouve dans sa sphère personnelle (famille, amis, etc.), sociale (citoyenneté, associations, etc.) et professionnelle. Il peut y avoir convergence entre les valeurs des trois sphères ou divergence. Nous pouvons ainsi être très humanistes avec nos enfants et nous comporter en managers impitoyables avec nos collaborateurs.

Votre avenir professionnel dépend de vos valeurs actuelles, mais plus encore des valeurs qui vous attirent, vers lesquelles vous êtes en train d'évoluer. Il ne faut donc pas construire votre identité professionnelle uniquement sur vos valeurs actuelles, c'est-à-dire finalement votre histoire, votre passé, mais aussi sur vos valeurs futures.

Par ailleurs, comprendre votre culture vous aidera à mieux comprendre celle des autres ! Et comprendre la culture des autres vous aidera aussi à comprendre votre propre culture. Il s'agit d'un cercle vertueux.

Quelles sont vos valeurs ?

Ce questionnaire permet de hiérarchiser vos valeurs. Pour chaque valeur, cochez « Oui » si une valeur se rapproche de vous, vous attire, vous correspond. Cochez « Plutôt oui », « Plutôt non » ou « Non » si une valeur vous correspond moins, vous attire moins. Les valeurs sont décrites par un mot et parfois par deux mots. Par exemple, la valeur « fidélité » est couplée avec la valeur « loyauté » car il s'agit de valeurs connexes. On trouvera donc « loyauté/fidélité » dans le questionnaire.

Valeurs	Oui	Plutôt oui	Plutôt non	Non
Lois/Ordre				
Territoire/Histoire				
Jeu/Loisirs				
Éducation/Connaissance				
Équité/Justice				
Sciences/Technologies				
Harmonie/Paix				
Altérité/Diversité				
Coopération/Synergie				
Performance				
Loyauté/Fidélité				
Tradition				
Communauté				
Famille				
Solidarité				
Fraternité				
Respect/Tolérance				
Écoute/Empathie				
Propriété				
Sécurité				
Indépendance/Liberté				
Honneur				
Compétition/Risque				
Responsabilité/Éthique				
Idées/Innovation				
Spiritualité				
Travail				

Reportez maintenant vos résultats dans le tableau 2. Ne prenez en compte que les croix que vous avez mises dans les colonnes « Oui » et « Plutôt oui ».

Sur le bas du tableau, mettez une croix dans la colonne dans laquelle se trouvent les valeurs que vous avez choisies en « oui » ou « plutôt oui ». Additionnez les croix par colonne, puis reportez le total sur la dernière ligne.

Exemple

Vous avez répondu « oui » ou « plutôt oui » sur la valeur « Lois/Ordre ». Dans ce cas, mettez une croix dans la case qui se trouve dans la colonne « Fondation ».

Tableau 2

	Fondation	Développement	Harmonie
	Lois/Ordre Territoire/Histoire Jeu/Loisirs	Équité/Justice Éducation/Connaissance Sciences/Technologies	Harmonie/Paix Altérité/Diversité Coopération/Synergie
	Famille Loyauté/Fidélité Tradition	Communauté Solidarité Performance	Fraternité Respect/Tolérance Écoute/Empathie
	Propriété Sécurité Honneur	Indépendance/Liberté Travail Compétition/Risque	Responsabilité/Éthique Idées/Innovation Spiritualité
Mettez une croix dans la colonne correspondante pour oui et plutôt oui			
Nombre de croix			

En fonction du nombre total de croix par colonne, ce questionnaire vous donne un aperçu de la façon dont vous hiérarchisez vos valeurs entre les trois grandes familles de valeurs : fondation, développement et harmonie. Ces résultats sont importants pour comprendre votre culture dominante. Bien sûr, un questionnaire de six cents questions vous donnera des résultats plus précis. Dans le cadre de ce chapitre, l'objectif n'est pas de vous donner une mesure précise et scientifique, mais un aperçu. L'objectif consiste à vous permettre de prendre conscience de l'importance des valeurs dans votre vie et donc dans la gestion de votre carrière et de vos relations humaines.

Reprenez maintenant les valeurs du questionnaire pour lesquelles vous avez coché « oui » ou « plutôt oui » et faites une liste. Dans cette liste, quelles sont les valeurs qui provoquent en vous de la colère, de la tristesse ou de la déception quand elles ne sont pas respectées ? Cette question doit vous aider à faire une nouvelle sélection de dix valeurs au maximum qui représentent vos valeurs fortes ou très fortes.

À partir de cette liste de dix valeurs, nous allons produire des noms de valeurs qui sont plus en phase avec vous. Pour chaque valeur, listez des synonymes ou des mots connexes. L'objectif est de travailler sur des mots qui vous parlent davantage, qui résonnent mieux en vous que ceux qui sont proposés dans le questionnaire ci-dessus.

Maintenant que vous avez une liste avec vos mots, nous allons faire un test de contrôle. Ce contrôle est important. Rares sont les personnes qui ont conscience de leurs valeurs. Pour chacune des dix valeurs, décrivez deux actions réalisées dans les derniers mois et qui sont liées directement ou indirectement avec cette valeur. Il s'agit d'actions qui démontrent une mise en œuvre de cette valeur dans votre vie. Si vous avez du mal à trouver des actions ou réalisations en rapport avec une valeur, il s'agit peut-être de valeurs vers lesquelles vous souhaitez évoluer. Pour certaines de ces valeurs, vous êtes dans un processus d'évolution culturelle. Il peut prendre des années et correspond par exemple au passage du stade Fondation vers le stade Développement ou du Développement vers l'Harmonie.

Des valeurs aux passions !

Nos valeurs sont liées à des actions. Nos passions sont liées à des émotions. Nous allons maintenant compléter votre ADN culturel avec votre ADN émotionnel en répondant à cette question : « Qu'est-ce qui vous passionne ? »

1. Quelle est la chose, le sujet, le domaine sur lequel vous pouvez parler pendant des heures sans vous fatiguer ?
2. Quelles sont les situations qui vous rendent heureux ?
3. Qu'est-ce qui vous fait oublier tous vos problèmes quotidiens ?

À partir de ces questions, essayez d'établir la liste de vos passions.

Pour terminer ce chapitre, prenez une belle feuille de papier… numérique et écrivez la liste des trois valeurs et des trois passions les plus importantes dans votre vie. Ces valeurs et passions vous aideront à construire et faire évoluer votre identité professionnelle. Éventuellement, elles permettront de vérifier que vous ne faites pas l'inverse de ce que vous dites. Il doit y avoir une cohérence entre votre discours et vos actions. C'est une des lois les plus importantes du Personal Branding.

Chapitre 3

Définir votre identité professionnelle

Comment définir votre identité professionnelle ?

Dans ce chapitre, nous allons reprendre les trois composantes de votre identité telles que nous les avons définies dans l'introduction de cette première partie du livre :

- fonctions/métiers ;
- connaissances/compétences/expertises ;
- qualités humaines/valeurs.

Vous pourriez définir votre identité tout seul. Mais pour amorcer le travail, il est préférable de faire appel à votre entourage professionnel proche. Il s'agit d'environ vingt personnes parmi vos collègues, clients, fournisseurs, managers ou collaborateurs pour avoir un feed-back à 360 degrés. Préparez un e-mail à partir de ce modèle :

> Ouverture du message, pourquoi cette démarche, ces questions, etc.
>
> *Question 1* : Dans quelles fonctions ou métiers as-tu confiance en moi ?

Exemple : Expert, manager, collaborateur, consultant, avocat, médecin, commerçant, partenaire, ami, associé, entrepreneur, etc.

Si tu indiques « manager » par exemple, cela signifie que tu as confiance en moi quand j'exerce mes fonctions de manager.

Question 2 : Quelles sont les connaissances/compétences/expertises pour lesquelles tu as confiance en moi ?

Exemple : RH, marketing, finance, innovation, management, commercial, arts, histoire, mécanique, mathématique, langues, sécurité, qualité, etc.

Si tu indiques « informatique » par exemple, cela signifie que tu as confiance en moi pour mon expertise informatique.

Question 3 : Quelles sont les qualités humaines/valeurs qui contribuent le plus à ta confiance en moi ?

Exemple : Honnête, loyal, responsable, sympathique, tolérant, généreux, énergique, intelligent, coopératif, créatif, fidèle, fiable, socialement engagé, dynamique, idéaliste, plein d'humour, ponctuel, etc.

Si tu indiques « loyal » par exemple, cela signifie que tu as confiance en moi pour ma loyauté.

Pour chacune des trois questions, demandez aux destinataires de votre message de donner au minimum un mot et au maximum trois mots (ou expressions). Au total, pour chaque personne vous ayant répondu, vous aurez donc entre trois et neuf mots ou expressions. Cela ne représente pas beaucoup de temps et c'est simple. Il n'y a pas de phrases ou de messages à rédiger.

Quand vous recevrez les réponses, il faudra regrouper les mots identiques et compter les occurrences (nombre de personnes qui ont utilisé le même mot). Il faut aussi regrouper les mots similaires, par exemple, regrouper « créatif », « créativité » et « inventif » en un seul mot (« créatif » par exemple). En fonction du nombre d'occurrences pour chaque mot, vous dégagerez une tendance sur chacune des trois composantes de votre identité. Votre entourage va faire émerger à travers ces mots votre « valeur ajoutée professionnelle ».

Tant que vous ne savez pas ce que l'on pense de vous, vous ne savez pas totalement qui vous êtes. Le plus important dans une identité n'est pas votre perception de votre identité, mais celle de vos interlocuteurs. Leur perception sera toujours plus forte que la réalité. Ce qu'ils pensent dépend de ce que vous êtes et de la façon dont vous le communiquez. C'est l'objet de la deuxième partie de ce livre.

Les réponses à la question 3 font ressortir vos qualités humaines, mais aussi vos valeurs. C'est l'occasion de confronter la perception que vous avez de vos valeurs avec la perception qu'en ont les autres et de valider ou infirmer les résultats de votre auto-diagnostic dans le chapitre précédent sur les valeurs.

Pour répondre à ces trois questions, vous pouvez aussi vous appuyer sur le bilan de vos entretiens annuels avec votre manager.

Sur les mots et leur interprétation

Que ce soit dans une recommandation pour votre réputation ou pour définir votre identité professionnelle, il existe un problème lié à l'interprétation des mots. Dans le domaine de la communication, il est normal de ne pas se comprendre. Nous mettons parfois des réalités différentes derrière les mots. On a donc besoin de discuter, de reformuler pour avoir une compréhension partagée du sens d'un texte. Incompréhension et interprétation font partie de l'histoire de l'humanité. Vous devez faire attention au sens des mots et éventuellement faire un travail de reformulation. N'oubliez pas que vous travaillez autant pour votre cible (recruteurs, employeurs, prospects) que pour vous-même. Le but n'est pas d'obtenir des mots que vous comprenez bien, mais d'obtenir des mots bien compris par votre cible.

Interview de Jean-Pierre Bonnaud, *Personal Branding strategist* et coach

Pour certaines personnes, comme les dirigeants ou les consultants, définir leur identité professionnelle est un enjeu majeur et ils ont peu de temps pour s'en occuper sérieusement. Alors, ils font parfois appel à des experts pour les aider. Jean-Pierre Bonnaud est l'un de ces experts. Nous l'avons interrogé pour qu'il nous explique son parcours et nous montre un exemple de mission pour définir une identité professionnelle.

Jean-Pierre, pouvez-vous nous dire quelques mots sur vous et décrire votre marque personnelle ?

Publicitaire et marketeur, j'ai fréquenté et conseillé pendant vingt ans les « grandes » marques du marché (Coca-Cola, Gillette, Heinz, Mars, Citroën, Carrefour, Mobil 1, Kodak, Friskies, Clairefontaine, etc.).

Quand un publicitaire devient coach professionnel puis *Personal Branding strategist*, c'est la rencontre improbable de Socrate et de Coca-Cola ! Mais, il n'est pas étonnant pour un coach de s'intéresser en priorité à ce que la personne a de remarquable et d'unique pour l'amener sur les chemins de la reconnaissance et du succès.

Ma marque personnelle repose sur la rencontre de deux cultures :

– celle de la communication, de la créativité, de la publicité et du marketing ;

– celle de l'authenticité, de l'autonomie et de l'écoute : coaching et PNL (programmation neurolinguistique) ;

Le point clé : une communication différente et authentique.

Pourquoi avoir orienté votre carrière personnelle vers le Personal Branding ? En quoi est-ce plus efficace que d'autres méthodes ?

Comme tout ce qui peut paraître évident, cela vient après ! Une révélation du type « bon sang, mais c'est bien sûr ! ».

Master coach et maître praticien PNL, je cherchais ce qui pourrait aider les personnes à trouver et mettre en place ce qui constitue « la plus belle version de soi-même ».

Au début de mon activité, j'ai commencé par modéliser les processus de création publicitaire et j'ai demandé à mes clients de créer une campagne pour le produit le plus fantastique au monde : « soi-même ». Qu'est-ce qui me rend performant, unique ? Quel serait mon visuel, mon slogan, ma valeur ajoutée (*Unique Selling Proposition*) ? Les résultats étaient surprenants et servaient de guide à mes clients. Je faisais du Personal Branding sans le savoir ! Et puis, j'ai croisé la route et les écrits de William Arruda, Peter Montoya et David McNally. Une révélation et une méthode ! Un parcours avec Béatrice Cuvelier, qui incarne la *french touch* du Personal Branding, m'a définitivement acquis à la démarche.

C'est une démarche d'une efficacité exceptionnelle car elle se situe dans une dynamique constructive et positive, et s'appuie sur ce que la personne a de fort et d'unique en elle, c'est aussi une démarche qui demande du courage, de la volonté et de la cohérence dans le temps. Enfin, c'est un parcours qui n'est pas fait pour tout le monde ! Adeptes du « pour vivre heureux, vivons cachés », s'abstenir !

Sa nouveauté : la métaphore de la Marque comme repère du succès et la recherche du positif et de la différence (pas forcément culturellement correct en France !).

Sa valeur ajoutée : focalisation, cohérence, confiance en soi... et pensée stratégique.

Pouvez-vous donner un exemple pour montrer comment vous utilisez le Personal Branding avec vos clients ?

Je vais prendre l'exemple d'un coach au parcours atypique... qui après une carrière de... pâtissier et de logisticien s'est formé aux techniques de l'accompagnement. Une renaissance !

Fonction actuelle : coach professionnel et personnel, maître praticien PNL, maître praticien en hypnose éricksonienne, EMDR...

La situation :

Son problème : après des essais dans son nouveau métier, il peine à trouver sa voie. Quelle clientèle ? quelle offre de service ? quel discours ? quelle démarche ?

Ses atouts : l'écoute, la bienveillance, une grande intelligence pratique et une créativité dans les processus.

Ses « handicaps » : le complexe de l'autodidacte, un déficit de confiance en soi et la croyance en son incapacité à s'exprimer en public et à s'adapter à la demande et la démarche des entreprises.

Les outils et méthodes : le parcours « 1, 2, 3 succès » proposé par William Arruda et l'intégration d'exercices de PNL (« stratégie comme si », niveaux logiques, ligne du temps, dialogue entre parties), mais aussi des méthodes de création publicitaire et de stratégie de marque. « La stratégie comme si » est un exercice de PNL qui permet à la personne de dépasser les freins et les croyances bloquantes. Elle permet de travailler avec le cerveau droit en imaginant le problème résolu.

La priorité a été de l'aider à trouver sa marque, son identité, sa différence et... vaincre les croyances limitantes, croyances qui entraînaient des hésitations, des interrogations et renvoyaient à l'inaction. En travaillant longuement sur sa vision (du monde), projet/mission, valeurs, passions (les piliers qui donnent du sens et orientent le positionnement de la marque personnelle), ainsi que sur ses points forts et l'image qu'il renvoyait (360° + questionnaires type « Rapport et Attitude »), nous nous sommes approchés d'un « positionnement » original, de la découverte d'une marque forte qui allait orienter toute la suite de sa démarche.

Il a découvert que ces handicaps n'étaient pas perçus comme tels, mais plutôt comme des points positifs : un homme très à l'écoute, ne se perdant pas dans des discours fumeux et centré sur la mise en place concrète, pratique de solutions et de chemins de découverte. Concret, simple, clair, attentif, très proche de ses clients, avec une forte contribution de tous les sens pour enrichir les perceptions... plutôt que la seule conceptualisation.

Notre démarche a consisté à approfondir cet axe de recherche. Au fil des séances, il a rapatrié les apports de ses savoir-faire antérieurs qu'il cherchait à occulter : le « coach pâtissier » était né !

Métaphore certes, mais aussi une approche originale, très sensorielle, très à l'écoute de tous nos sens et de bon sens. Pour lui un déclic, à la fois désinhibant et source d'une nouvelle créativité et d'une vision plus stratégique de ce qu'il veut faire et être.

Un premier test a été réalisé sur une offre « métaphorique » fondée sur la double découverte : en découvrant une recette de pâtisserie, découvrez qui vous êtes vraiment, et redécouvrez tout le pouvoir de vos sens...

De nouvelles approches sont en cours de développement pour répondre aux problématiques des entreprises en matière d'efficacité managériale et d'intelligence collective.

Grâce à ce parcours, il a pu réconcilier et intégrer l'ensemble de ses points forts, puis leur donner du sens et de la puissance dans un nouveau contexte. Il s'est autorisé à être lui-même et à développer des propositions originales qu'il est, à ma connaissance, le seul à pouvoir proposer de la façon la plus naturelle, la plus authentique et la plus attractive. La petite madeleine de Proust n'est pas un mirage !

Merci pour ce témoignage !

Le Personal Branding a donc permis à un professionnel au parcours atypique de pouvoir se créer une identité professionnelle unique dans le domaine du coaching grâce à la pâtisserie. Cette identité lui permet aujourd'hui de faire la différence d'une manière efficace face à ses concurrents (le site de Jean-Pierre Bonnaud : *www.brandingcoaching.com*).

Vous pouvez lire d'autres interviews sur le même modèle à la fin du livre, juste après la conclusion. C'est une façon de découvrir le Personal Branding à travers le regard de praticiens.

Développer ses forces ou réduire ses faiblesses ?

> « Malheureusement, nous n'avons pas vraiment conscience de nos talents et de nos forces. Nous devenons donc des experts de nos faiblesses et nous passons notre vie à essayer de réparer ces faiblesses, tandis que nos forces sont oubliées et négligées » (Marcus Buckingham).

Le Personal Branding vous invite à développer vos forces et non à réduire ou corriger vos faiblesses. Vos forces sont liées à votre mission sur terre, à vos valeurs et à vos passions. C'est parce que vous êtes passionné par tel domaine que vous allez devenir bon dans ce domaine.

Vous connaissez peut-être l'histoire de ce pianiste qui jouait dans un bar une partition imposée par la direction. Personne ne l'écoutait. Sa musique était un bruit de fond ennuyeux. Un jour, une femme un peu éméchée s'approche du pianiste et lui dit : « Vous êtes soporifique ! Jouez-nous la musique que vous aimez ! » Piqué au vif, il commença à jouer ses musiques favorites. Petit à petit, tout le monde se mit à l'écouter puis à l'applaudir à la fin de chacun de ses morceaux. Le bar était devenu une salle de concert.

Ce pianiste maîtrise parfaitement la technique du piano. Mais, quand il joue de la musique classique, il est mauvais… inodore et sans saveur. Par contre, quand il joue du jazz, c'est un virtuose. Alors, à vous de choisir si vous voulez jouer votre partition ou celle que l'on vous impose. Si vous aimez le « jazz », il est temps d'arrêter le « classique » et inversement ! Construire son projet professionnel à partir de ce que l'on aime, de ce qui nous passionne, de ce qui est en phase avec nos valeurs est un pari gagnant pour l'avenir. Construire son projet professionnel sur ce qui passionne vos parents ou vos amis ou pour faire plaisir aux autres, cela ne rendra heureux personne… ni vous, ni votre employeur.

En résumé : *Travailler sur vos forces vous rendra talentueux tandis que corriger vos faiblesses risque de vous rendre ennuyeux pour vous-même et pour les autres.*

Développer vos forces, cela veut dire approfondir certaines de vos compétences actuelles mais aussi développer des compétences nouvelles ou complémentaires qui soient en cohérence avec vos talents. Être fort dans un domaine ne signifie pas que vous ne pouvez plus progresser ou que vous n'avez plus rien à apprendre ! Les informaticiens, par exemple, savent bien qu'ils doivent se former en permanence pour rester compétitifs dans leur domaine. Mais comme ils sont souvent passionnés (*geeks*), c'est beaucoup plus facile pour eux.

Travailler sur vos forces ne signifie pas qu'il faut vous spécialiser. Il n'y a pas de réponse absolue à la question de savoir s'il faut être généraliste ou spécialiste. En fait, cela dépend à la fois de vous (êtes-vous un touche à tout ?) et des attentes des entreprises. Selon les secteurs d'activité et les métiers, il vaut mieux être spécialiste ou généraliste.

Quels sont vos forces, vos talents ?

L'objectif est de trouver les activités dans lesquelles vous êtes reconnu pour votre efficacité. Listez des actions que vous avez particulièrement réussies dans les derniers mois ou les dernières années.

Il est probable que votre entourage vous donnera des pistes intéressantes. Reprenez le questionnaire que vous avez envoyé par e-mail à votre entourage (*cf.* début de ce chapitre, p. 33) et regardez les mots ou expressions qui reviennent le plus souvent sur les trois composantes de votre identité professionnelle :

- fonctions/métiers ;
- connaissances/compétences/expertises ;
- qualités humaines/valeurs.

Vous avez probablement d'autres forces ou talents que ceux qui sont proposés par votre entourage parce que vous avez un jardin secret et des activités extra-professionnelles. À vous de compléter les éléments fournis par votre entourage et de définir vos forces car c'est sur ce point que vous allez communiquer dans la deuxième partie du livre.

Chapitre 4
Quel est mon public ? Qui sont mes concurrents ?

Pour mieux vous connaître, il est utile de comprendre qui est votre public et qui sont vos concurrents. Ce travail vous aidera à définir ou à ajuster votre identité professionnelle.

Votre public

Votre public, c'est votre audience, votre cible. Ce sont les personnes auprès de qui vous souhaitez promouvoir votre marque personnelle.

Cette audience peut être constituée :

- des personnes de votre entreprise actuelle, quel que soit leur niveau hiérarchique ou leur fonction ;
- des personnes qui travaillent dans d'autres entreprises ;
- des personnes qui travaillent dans le domaine ou le secteur qui vous intéresse ;
- des associations, clubs ou réseaux ;
- des entreprises en tant que telles ;
- des zones géographiques (votre audience peut être localisée à un endroit particulier : ville, région, pays).

Votre audience, ce sont vos « clients finaux », c'est-à-dire ceux qui peuvent vous aider directement à atteindre vos objectifs, mais aussi les personnes qui influencent vos clients finaux, c'est-à-dire les intermédiaires qui peuvent vous mettre en relation avec vos clients finaux.

Votre audience doit être décrite avec précision : classe d'âge, situation professionnelle, niveau de formation ou loisirs par exemple (que font-ils quand ils ne travaillent pas ?). À vous de déterminer les critères pertinents compte tenu de vos objectifs.

Avec ces éléments, décrivez votre audience et, si possible, listez des noms dans chacune des catégories que vous aurez définies.

Vos concurrents

Qui sont vos concurrents ? L'objectif n'est pas de reprendre le rôle de José Garcia dans ce terrible film de Costa-Gavras *Le Couperet* ? non ! surtout pas ! Vous n'avez pas vu ce film, n'essayez pas d'en savoir plus sauf si vous êtes curieux de voir un bon film : http://fr.wikipedia.org/wiki/Le_Couperet_(film).

L'objectif est de travailler sur vos facteurs différenciateurs. Qu'est-ce qui vous démarque des autres ? Cette question peut manquer de sens si vous êtes salarié dans une entreprise et que vous occupez un poste traditionnel. À l'inverse, elle peut s'avérer cruciale si vous êtes un indépendant (consultant, freelance) ou un cadre dirigeant.

Un consultant indépendant qui ne produit pas, cherche à vendre. Et quand il ne vend pas, il produit. Gagner des propositions commerciales impose de savoir se différencier des concurrents. Par ailleurs, pour les indépendants, connaître leurs concurrents est d'autant plus important qu'ils peuvent devenir leurs partenaires ou associés !

Un cadre dirigeant veut monter toujours plus haut dans la hiérarchie ou veut tout simplement garder sa place. Le sommet de la pyramide est très convoité. Beaucoup de candidats, peu d'élus. Il est donc important de montrer sa valeur ajoutée en permanence car plus on monte haut dans la hiérarchie et plus la situation s'apparente à celle d'un pilote assis sur un siège éjectable (révocation *ad nutum*).

Chercher qui sont vos concurrents est donc une question plus ou moins pertinente selon votre situation professionnelle et vos objectifs. Mais, quelle que soit votre situation, avant de balayer cette question du revers de la main, essayez quand même d'y répondre...

Peu importe leur métier, leur statut, leur expérience, vos concurrents sont les professionnels qui visent le même public que vous (audience) et qui proposent la même « valeur ajoutée » (services, activités, expertise, compétences similaires).

Une fois que vous aurez établi la liste de vos concurrents, voici quelques questions utiles pour construire votre identité professionnelle :

1. Avez-vous exactement les mêmes services (la même valeur ajoutée) que vos concurrents ou avez-vous des services en plus ou en moins par rapport à eux ? pourquoi ?
2. En quoi êtes-vous différent de vos concurrents dans vos différentes activités ? Quels sont vos avantages ?
3. Quels sont les critères ou les éléments qui seront pris en compte par votre interlocuteur pour faire son choix ? Il s'agit des critères ou éléments qui servent à faire la différence entre vous et les autres.

L'indispensable veille concurrentielle

Tout comme vous, vos concurrents évoluent. Ils progressent. Une fois par an, il serait pertinent de mettre à jour les réponses aux questions que nous avons listées ci-dessus.

Pour organiser votre veille concurrentielle, vous trouverez toutes les informations nécessaires dans la troisième partie du livre au chapitre « Comment surveiller votre réputation sur Internet ? ».

L'idée est de surveiller votre réputation mais aussi celle de vos concurrents ! Vous pouvez donc créer des alertes sur votre prénom et votre nom mais aussi sur ceux de vos concurrents les plus directs ainsi que sur des mots-clés qui vous permettront de détecter l'arrivée de nouveaux acteurs.

Quel est votre facteur différenciateur ?

Pour déterminer votre facteur différenciateur, nous allons reprendre les trois composantes de votre identité professionnelle :

- fonctions/métiers ;
- connaissances/compétences/expertises ;
- qualités humaines/valeurs.

Dans la liste de vos aptitudes métier, compétences et qualités humaines, quelles sont celles qui sont le plus susceptibles d'impacter positivement votre public ? La réponse à cette question vous donnera l'axe central de votre communication pour mieux vous faire connaître (*cf.* partie 2 du livre).

Chapitre 5

Votre marque personnelle en une phrase

Avant de mieux vous faire connaître, il nous reste une dernière étape. L'objectif est de créer le message qui vous servira d'appui dans votre communication. C'est un exercice de synthèse pour cette première partie car nous allons reprendre l'ensemble des contenus que vous avez produits : votre mission sur terre, votre identité, vos valeurs, vos passions, votre public et votre facteur différenciateur.

Il s'agit de faire une courte phrase, compréhensible sans réflexion et facile à retenir. Cette phrase doit articuler d'une manière cohérente vos différents contenus.

Le format est libre mais vous pouvez vous inspirer de cet exemple :

> Grâce à [mes qualités humaines/mes forces/mon facteur différentiateur], j'apporte à [mon public] une/des [expertise/compétences/connaissances] en cohérence avec ma/mes [mission/valeurs/aptitudes métier/passions].

Réorganisez les différents éléments (forces, public, expertise, etc.) comme vous le souhaitez. Écrivez plusieurs versions possibles de cette phrase et reformulez jusqu'à ce que vous trouviez une phrase qui sonne juste. Il est également souhaitable de laisser un temps de maturation. Il vous faudra peut-être plusieurs jours avant de finaliser cette phrase. Cet exercice demande du temps, il y a peu de chances que vous trouviez la bonne combinaison du premier coup.

Attention, l'objectif de cet exercice n'est pas de trouver une phrase choc type « Créateur de stratégie multilatérale triphasée spatio-temporelle à double triangulation arrière avec bain d'huile permanent ». L'objectif est de créer une définition de votre identité professionnelle à partir des éléments qui ont émergé dans la première partie de ce livre.

Conclusion

La partie connaissance de soi est la plus difficile car elle impose une prise de recul, une réflexion et des choix. Si vous n'avez pas le temps, pas la motivation, pas le courage alors laissez cette partie pour l'instant. Concentrez-vous sur la partie « réputation ». En effet, votre réputation, c'est la perception que les autres se font de votre identité. Cela peut être un bon point de départ pour amorcer votre réflexion. En résumé, il s'agit de s'appuyer sur votre réputation pour comprendre et définir votre identité. Cette démarche vise simplement à amorcer la « pompe » car votre réputation décrit toujours le passé (ce que vous avez fait) et non l'avenir (ce que vous avez envie de faire, vos projets). On vous juge sur vos actions passées et non sur votre potentiel, vos envies ou vos désirs. Or votre identité décrit votre passé, mais aussi votre futur.

Se connaître, c'est comme identifier où l'on se trouve. Savoir où l'on se trouve est le seul moyen de savoir où on va (le futur). Qui je suis et où je vais, voilà mon identité professionnelle. Elle est en interaction avec mon entourage et mon environnement professionnel à travers deux flux permanents : me faire connaître (être connu) et me faire reconnaître (être reconnu). Être connu, c'est promouvoir son identité professionnelle (partie 2 du livre). Être reconnu, c'est gérer sa réputation professionnelle (partie 3 du livre).

J'influence mon entourage qui en retour m'influence dans une boucle permanente. Nous sommes à la fois émetteur et récepteur, acteur et spectateur.

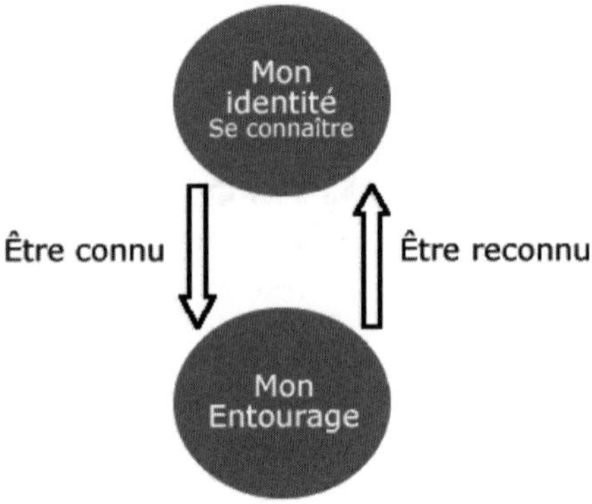

Figure 2

Que faire si ma réputation professionnelle ne correspond pas à mon identité professionnelle (celle que je souhaite) ? Face à cet écart de perception, vous devez chercher à en comprendre le pourquoi. C'est très important parce que, comme nous l'avons déjà dit, la perception de la réalité par votre entourage est toujours plus forte que la réalité elle-même. *A priori*, il n'y a que trois explications possibles :

- un manque de lucidité sur vous-même : un proverbe chinois dit : « Quand tout va mal, regarde-toi dans le miroir. » Prenez un peu de temps pour chercher votre part de responsabilité dans la situation ;
- un manque de lucidité de votre entourage sur vous-même : votre réputation est liée à une interprétation subjective de faits. Il est possible que votre réputation soit mal évaluée (sous-évaluée ou surévaluée). Est-ce parce que vous ne savez pas bien promouvoir votre identité ?
- un problème de communication entre vous et votre entourage : il faut prendre en compte l'interprétation des mots, les incompréhensions et les maladresses. Attribuer l'écart de perception à un problème de communication est la solution de facilité. Cela permet d'éviter les problèmes de « lucidité » des points précédents. Il ne faut pas attribuer

automatiquement les écarts à : « Ils n'ont pas compris, je vais leur expliquer » mais cela peut être une explication valable.

Cette partie ne remplace malheureusement pas l'action bénéfique d'un coach professionnel ou d'un ami ayant quelques aptitudes au coaching. Il est en effet très difficile de réfléchir sur soi et de prendre du recul seul. Le coaching, c'est l'art d'aider l'autre à réfléchir sur lui-même. Le coach pose des questions et aide le coaché à trouver ses propres réponses (il ne donne pas de conseils car ce n'est pas un consultant). Mais si vous n'avez ni le temps, ni les moyens de vous faire accompagner dans votre démarche, ces chapitres vous auront donné des pistes utiles surtout si votre entourage peut vous aider.

Cette première partie nous a permis de formaliser une première expression de votre identité professionnelle. Il s'agit maintenant de savoir communiquer sur cette identité. C'est l'objet de la deuxième partie. En communiquant sur votre identité professionnelle, vous recevrez certainement des feed-back sur ce qui fonctionne et ce qui ne fonctionne pas. Il sera alors temps de procéder à des ajustements dans la formulation de cette identité professionnelle et la manière de la communiquer.

Partie 2

Mieux vous faire connaître – Être visible

« Dites toujours du bien de vous-même,
cela finira toujours par se savoir »,

proverbe.

Chapitre 6

Personal marketing first !

> « Lorsque vous promouvez la marque "Vous", tout ce que vous faites – et tout ce que vous choisissez de ne pas faire – transmet la valeur et la personnalité de la marque. Tout, de la façon dont vous traitez les conversations téléphoniques, aux e-mails que vous envoyez, en passant par la manière dont vous conduisez une réunion de travail, fait partie d'un message plus large que vous envoyez à propos de votre marque » Tom Peters, « The Brand called You », *Fast Company* (citation trouvée sur *www.outilsfroids.net*).

Nous avons expliqué dans l'introduction que le « personal *marketing* » était une des dimensions du Personal Branding.

Quels sont les supports de votre marque ?

Nous aborderons en détail la promotion de votre marque sur Internet un peu plus loin dans cette 2e partie du livre. En attendant, il est préférable de commencer par la liste des supports classiques qui vous permettent de communiquer sur votre identité professionnelle :

- papier personnalisé (affaires et correspondance personnelle) ;
- cartes de visite en cohérence avec votre identité ;
- cartes de remerciements, cartes de vœux ;
- messages d'accueil sur vos répondeurs (fixe et portable) cohérents avec votre identité ;

- prises de parole en public (conférences, interviews) ;
- publication d'articles ou de livres ;
- envoi de *newsletters* (papier ou électroniques) ;
- création et animation d'un réseau professionnel ou d'une association sur un thème en rapport avec votre identité professionnelle ;
- organisation ou sponsoring d'événements, de soirées ;
- publicité ;
- CV, biographie et lettre de motivation.

Certains supports sont probablement plus adaptés pour des consultants et des dirigeants que pour des salariés. À vous d'adapter cette liste à vos besoins personnels.

Par ailleurs, il est certain que vous ne pouvez pas tout faire. Alors, hiérarchisez ces supports en les classant en fonction de leur pertinence par rapport à votre public (votre audience). Choisissez ensuite les trois supports les plus adaptés et concentrez vos efforts sur ces supports-là.

Quelle est votre ligne éditoriale ?

Vous avez le support, maintenant il faut écrire quelque chose ! Il convient de définir le contenu qui va alimenter vos supports. Vous êtes un peu dans la position du rédacteur en chef d'un journal. Vous ne pouvez pas parler de tout et de rien.

Le plus simple est de partir à nouveau des trois composantes de votre identité professionnelle :

- fonctions/métiers ;
- connaissances/compétences/expertises ;
- qualités humaines/valeurs.

Reprenez les expressions et mots que vous avez trouvés dans la première partie du livre car les thèmes de vos contenus doivent être en cohérence avec votre identité.

Pour définir votre ligne éditoriale, listez dix thèmes et/ou sous-thèmes en rapport avec votre identité. Il est important de respecter l'une des huit lois du Personal Branding définie par Peter Montoya (vous trouverez dans la conclusion la description de ces huit lois) : une marque personnelle efficace doit être précise. Peu importe que vous soyez spécialiste ou généraliste, il n'est pas pertinent de communiquer sur tout ce que vous savez faire. Sinon, ce n'est plus une marque personnelle mais un catalogue de compétences. Il est important de communiquer sur un seul axe : une force, un talent ou une réalisation personnelle. On pourrait parler de cœur de métier.

Votre ligne éditoriale doit donc être claire et précise. Il serait dangereux de vous disperser dans les contenus. Certes, beaucoup de sujets vous intéressent, mais votre réseau doit pouvoir vous identifier sur UN sujet (qui peut bien sûr se décliner en sous-thèmes). On n'attend probablement pas de vous une critique du dernier film que vous avez vu.

Cependant, si vous êtes un généraliste, un dirigeant ou si vous avez des cibles hétérogènes en termes d'audience, cela peut-être UN sujet assez large. Vous pouvez aussi créer des supports spécifiques, par exemple un blog sur le marketing et un blog sur l'innovation pour deux publics différents. À méditer quand même : un blog, c'est dur à gérer… deux blogs, c'est… ? Parfois, il faut choisir et choisir, c'est savoir renoncer !

Les apparences comptent !

Faut-il vraiment le rappeler ? Les apparences comptent ! Votre apparence est probablement votre mode de communication principale vers le monde extérieur. Chaque personne que vous rencontrez vous juge d'abord sur votre apparence.

On vous juge à 10 % sur ce que vous dites, à 30 % sur les intonations de votre voix et à 60 % sur votre attitude et vos gestes. Les psychologues appellent cela l'effet de primauté. Heureusement, il y a des personnes qui n'en tiennent pas compte ou qui savent faire la part des choses, qui savent aller au-delà des apparences. Cependant, mieux vaut ne pas prendre de risque.

Les apparences, cela ne veut pas dire qu'il ne faut jamais sortir sans sa veste et sa cravate. Si vous débarquez dans une start-up Internet avec une cravate, on vous trouvera probablement ridicule. Si vous débarquez dans une banque sans cravate, quelqu'un finira par vous faire la remarque : « Tu reviens du sport ? »

Quand vous rédigez une dissertation pour la première fois à l'école, vous apprenez que la forme compte autant que le fond. Il en va de même pour votre identité professionnelle. Il doit y avoir une cohérence entre votre identité et votre apparence : vêtements, mobilier de bureau, cravate, accessoires, électronique (PDA, portable, etc.), attaché-case, mais aussi les hôtels, restaurants et cafés que vous fréquentez.

Votre e-mail fait partie de votre apparence. Il vaut mieux avoir un e-mail professionnel type *prénomnom@nomdedomaine.com* plutôt que *scoobidoubidou69@yahoo.fr*. On vous juge aussi là-dessus ! De même pour le fond d'écran de votre ordinateur au bureau, vous avez choisi la sobriété ou une plage des Caraïbes ?

Chacun des éléments de votre « apparence » doit être en cohérence avec les composantes de votre identité professionnelle. Est-ce le cas ?

1. Si oui, pouvez-vous expliquer pourquoi ?
2. Si non, quelles sont les actions nécessaires pour créer plus de cohérence ?

Comment se présenter en marquant les esprits ?

> « Mes meilleures improvisations sont celles que j'ai le plus préparées », *Churchill.*

Par manque de préparation, la plupart des gens ne savent pas se présenter d'une manière efficace. Nous communiquons souvent sur notre titre : « Je suis chef de projet », sur notre expertise : « Je suis expert en marketing » ou sur son entreprise : « Je travaille pour Airbus. » On ne peut pas dire que cela marque les esprits. On retient après vous avoir rencontré : projet, marketing et Airbus. Autre variante possible : manager, finance et Société Générale.

« Quelle marque voulez-vous tatouer sur votre corps ? »

C'est le titre d'un excellent billet publié par Gilles Martin sur son blog (*http://gillesmartin.blogs.com*). Il se demande ce que les entreprises peuvent gagner en encourageant leurs employés à avoir des marques personnelles fortes :

> « C'est la somme des marques personnelles fortes de ses collaborateurs qui feront la force et la pérennité de la marque de l'entreprise. À ces personnes qui ne savent rien dire sur elles-mêmes que la marque de leur entreprise, la question à poser n'est pas : "Êtes-vous fier de travailler pour cette entreprise ?", mais plutôt "Est-ce que votre entreprise est fière que vous travailliez pour elle ?". »

Je vous recommande la lecture de son billet : *http://gillesmartin.blogs.com/zone_franche/2006/05/quelle_marque_v.html.*

En fait, c'est un jeu gagnant/gagnant. Un employé connu et reconnu ajoute au crédit de son employeur, tout comme une entreprise connue ajoute au crédit de ses employés. Les entreprises visionnaires devraient donc encourager leurs employés à développer une marque personnelle forte, surtout s'ils occupent des fonctions de recrutement. Dans un entretien, un recruteur communique souvent beaucoup plus à travers sa marque personnelle que celle de son entreprise. A-t-il une marque personnelle forte ? Si oui, cela renforcera la marque de l'entreprise.

Votre pitch !

Pour ne pas se retrouver avec le tatouage de la marque de son entreprise sur le corps, il est important de préparer un petit discours. Les Américains appellent cela un *pitch* ou *elevator pitch*, c'est-à-dire un discours si court et efficace que l'on doit pouvoir le faire entre deux étages dans un ascenseur. Les entrepreneurs qui cherchent des investisseurs travaillent pendant des mois sur leur *pitch*. Il faut donner envie à un investisseur d'en savoir plus sur le projet en moins de 60 secondes. Il faut capter son attention pour amorcer la discussion.

C'est un peu dans cet état d'esprit que vous devez être quand vous vous présentez en face à face. Un entrepreneur cherche à vendre son projet d'entreprise. Vous cherchez à vendre votre projet professionnel en ligne avec vos passions, valeurs et idées.

Comme point d'appui de votre pitch, reprenez la phrase que vous avez écrite à la fin de la première partie :

> Grâce à [mes qualités humaines/mes forces/mon facteur différentiateur], j'apporte à [mon public] une/des [expertise/compétences/connaissances] en cohérence avec ma/mes [mission/valeurs/aptitudes métier/passions].

Pour la suite de votre présentation après cette phrase d'ouverture :

- appuyez votre fonction (chef de…) ou votre expertise (spécialiste en…) avec la description de projets ou actions réussis ;
- en quoi avez-vous contribué à améliorer le fonctionnement de votre organisation ? quelle est votre contribution au collectif au-delà de vos objectifs individuels ? qu'avez-vous fait de remarquable qui puisse venir en appui de votre présentation ? innovation, changement, nouveau service ou produit ? mettez en lumière votre capacité d'initiative, vos réussites, les faits marquants de votre carrière. Racontez une anecdote, une histoire liée à votre parcours.

- quelles sont vos passions ? comment mettez-vous en œuvre vos passions dans votre travail ? Quels sont les supports sur lesquels vous exprimez votre passion ? C'est le moment de donner l'adresse de votre blog, le nom du journal sur lequel se trouve votre dernier article ou la date de votre prochaine conférence. De tout votre discours, c'est le point le plus important. Communiquer sur vos passions est la clé principale qui permettra de marquer les esprits.

Votre biographie professionnelle : un résumé de votre CV !

Vous avez votre présentation orale (*pitch*), il faut également avoir une présentation écrite (biographie) en particulier pour pouvoir afficher une courte présentation sur votre profil/CV en ligne, sur un article de presse, sur votre blog ou votre *newsletter*. Il est important de rédiger cette biographie avec soin car son contenu impactera l'intérêt de votre profil et de vos publications. Voici quelques éléments pour rédiger votre biographie en respectant si possible l'ordre suivant dans la structure du texte (il est possible que vous ne soyez pas en mesure de répondre à toutes ces questions, du moins pas encore !) :

1. Que faites-vous ? votre activité, votre métier ? Commencez cette première phrase par votre prénom et votre nom pour qu'on connaisse votre identité civile, exemple : « Bernard Duglumo est un expert international du Personal Branding. »

2. Quelle est votre audience ? À qui vous adressez-vous ? entreprises (B to B), particuliers (B to C) ?

3. Quelles sont vos réalisations les plus importantes ? vos succès ? vos réussites ? Ces réalisations sont une illustration de votre réponse à la première question : « Que faites-vous ? »

4. Qu'est-ce qui vous rend crédible dans votre activité : accréditations, certifications, diplômes, nombre de clients, chiffre d'affaires, récompenses, marque de reconnaissance, expérience ?
5. Qu'est-ce qui vous différencie des autres, de vos pairs, de vos concurrents ? S'agit-il d'une réalisation (projet, livre, blog…) ou de fonctions occupées ?
6. En termes d'innovation ou d'idées, en quoi avez-vous contribué à faire évoluer votre secteur d'activités ou votre métier ?
7. Terminer votre biographie en indiquant le moyen de vous contacter : site Web, e-mail, téléphone…

   Pour un article ou un livre par exemple, votre biographie doit être écrite à la troisième personne du singulier car on considère que c'est une tierce personne qui vous présente. Mais, sur votre profil en ligne, vous pouvez écrire à la première personne du singulier ou à la troisième en fonction des us et coutumes de vos pairs ou de votre secteur d'activité.

Rédigez une version courte (une phrase), moyenne (5 à 6 lignes) et longue (15 à 20 lignes) de votre biographie pour répondre aux besoins de vos interlocuteurs. La version courte ou moyenne sera utile pour un article, la version longue pour un profil en ligne ou votre blog (menu « À propos » de l'auteur).

Pour valider la qualité de votre biographie, il est recommandé de la faire relire à quelques personnes. Il est enfin important mettre à jour votre biographie au fur et à mesure de votre évolution professionnelle.

Chapitre 7

Jamais sans mon réseau professionnel !

> « Ne dites pas aux autres ce qu'ils pourraient faire pour vous, demandez-vous ce que vous pourriez faire pour eux », *Keith Ferrazzi.*

Créer et faire vivre un réseau professionnel est une démarche essentielle quand on passe une partie de son temps à la recherche de nouveaux contacts. Il s'agit de prospects pour les consultants, les freelances et les commerciaux. Il s'agit de salariés pour les recruteurs et les employeurs.

Pour la plupart d'entre nous, cela semble moins important. Nous rencontrons des personnes dans nos activités et parfois nous gardons leurs coordonnées dans notre carnet d'adresses à tout hasard. Voilà le service minimum ! Cependant, un réseau professionnel est au cœur d'une démarche efficace pour construire sa marque personnelle et la promouvoir.

Dans son livre *Booster sa carrière grâce au Réseau* (Eyrolles, 2007), Hervé Bommelaer explique pourquoi notre éducation nous pousse à faire le service minimum :

> « Notre éducation ne nous a pas formatés pour être de bons *networkers*. Lorsque nous étions enfants, nos parents nous abreuvaient des conseils suivants : on ne parle pas à table ; on ne parle pas aux inconnus ; on ne parle pas de soi ; on ne demande pas ; on se contente

de ce que l'on a. Mauvaise pioche ! Le Réseau, c'est tout le contraire puisqu'il s'agit de parler à table, de s'entretenir avec des inconnus, de parler de soi, de demander et de ne surtout pas se satisfaire de ce que l'on a. »

Pourquoi construire votre réseau ?

Vous avez votre réseau familial et votre réseau social, c'est déjà bien assez de relations à gérer. Pourquoi construire un réseau professionnel en plus ?

L'importance du réseau professionnel n'est jamais aussi criante que lorsqu'on se retrouve au chômage ou en difficulté dans sa carrière. Prenons l'exemple des expatriés. Ils immigrent après avoir obtenu un contrat de travail dans une entreprise. Un jour, ils sont licenciés. Le lendemain, ils cherchent un nouveau travail dans le même pays. Et c'est là qu'ils découvrent qu'ils n'ont pas de réseau et que leur recherche d'emploi va durer probablement beaucoup plus longtemps que leur permis de séjour. L'enseignement est le suivant : quand vous arrivez dans un pays, si vous souhaitez y rester quelques années, il faut impérativement penser « réseau » le premier jour de votre arrivée. Ce problème n'est pas seulement celui des expatriés, c'est aussi le vôtre dès le premier jour de votre arrivée dans la vie active. L'expatrié change de pays mais le problème est exactement le même quand on change d'entreprise ou de ville.

Il y a ceux qui ont un réseau professionnel qui se construit tout seul et qui disparaît tout seul au fil du temps (les passifs). Il y a ceux qui gèrent et développent leur réseau dans la durée (les actifs).

1. Les *passifs* font souvent appel à leur réseau en mode pompier : « Je viens de perdre mon boulot, j'appelle au secours mon réseau. » C'est là qu'ils s'aperçoivent qu'ils ont perdu des coordonnées, ou pire, que le lien social n'existe plus.

2. Les *actifs* rencontrent régulièrement les membres de leur réseau, envoient des messages pour donner des tuyaux, prendre des nouvelles, passer une information. Ils gardent le contact dans la durée. Le plus souvent, ils ne demandent rien ou pas grand-chose. Leur objectif est de donner sur demande ou sans qu'on leur demande. De ce fait, le jour où cela sera nécessaire, ils pourront s'appuyer sur un réseau vivant et se mettront en situation d'obtenir un retour compte tenu de ce qu'ils ont donné aux autres quand tout allait bien.

Il faut beaucoup de temps pour construire et développer un réseau social ou professionnel. Si vous décidez de devenir actif quand tout ira mal pour vous, ce sera trop tard. Par exemple, vous vous inscrivez dans un réseau professionnel associatif et lorsqu'on vous demande de vous présenter, la première chose que vous dites est : « Je suis au chômage. » Le message que vous envoyez implicitement est : « Le jour où je retrouve un travail, vous ne me reverrez pas. » Personne n'aura donc envie de socialiser avec vous et encore moins de vous aider. C'est quand vous n'avez rien à demander, quand tout va bien, que vous pouvez construire et développer votre réseau. C'est quand vous avez donné de l'aide dans la durée que vous aurez une chance de recevoir de l'aide en retour. Donner d'abord et recevoir ensuite signifie que la relation doit être gagnant/gagnant (*win/win*). Nous sommes dans le cadre d'un développement mutuel.

En résumé, votre objectif est de créer et développer votre réseau professionnel dans le but d'aider les autres. Vous vous mettez *de facto* en position de recevoir ce que vous n'avez pas demandé (principe de sérendipité). Indirectement et implicitement, vous faites aussi la promotion de votre marque personnelle. C'est une excellente façon de mieux vous faire connaître.

Tous les membres de votre réseau sont-ils égaux ?

Non ! Les membres de votre réseau ne sont pas égaux. On distingue trois niveaux dans votre réseau :

- niveau 1 : il s'agit du noyau dur, du cœur de votre réseau. Ce cœur est composé de vos références sociales et professionnelles. C'est votre club VIP, les personnes avec qui vous avez réussi des actions dans un cadre social ou professionnel et avec lesquels vous avez établi une bonne connaissance mutuelle. Ces personnes ont un impact très fort sur votre réputation professionnelle. Le niveau 1 de votre réseau est votre *réseau de références*. Nous approfondirons les enjeux liés à ce niveau 1 dans la partie 3 du livre ;
- niveau 2 : ce sont vos contacts liés à des rencontres ou des discussions (en face à face ou en virtuel). Par la fréquence de vos discussions ou rencontres, il y a une bonne ou assez bonne connaissance mutuelle ;
- niveau 3 : ce sont vos contacts liés à des rencontres ponctuelles, le plus souvent virtuelles. Il y a une très faible connaissance mutuelle. Ce niveau inclut également tous ceux que vous ne connaissez quasiment pas ! Dans les réseaux sociaux virtuels, on ajoute facilement dans nos contacts des personnes qu'on ne connaît qu'à travers leur profil en ligne (aucune interaction réelle en dehors du processus de connexion).

Il est important d'augmenter le nombre de ses contacts sur chaque niveau, mais cela ne doit pas se faire au détriment des relations existantes. Dans le temps disponible, il vaut mieux « bichonner » le niveau 1, puis le niveau 2 et accessoirement le niveau 3.

Voici un tableau pour mettre des noms sur chaque niveau :

	Noms
Niveau 1	
Niveau 2	
Niveau 3	

En différenciant vos contacts sur ces trois niveaux, vous pourrez mieux cibler vos différentes actions pour construire votre réseau.

Comment construire votre réseau ?

Voici quelques actions possibles pour développer votre réseau (augmenter le nombre de vos contacts) et surtout le faire vivre (garder le lien social, ne pas perdre vos contacts).

1. Organisez des conférences vous-même ou par le biais d'associations ; Participez à des conférences en tant qu'intervenant sur votre domaine d'expertise.
2. Adhérez à des associations ou réseaux professionnels. Mais il vaut mieux faire partie d'une ou deux organisations en y jouant un rôle actif (pour être plus visible) que de s'inscrire dans une multitude d'organisations dans lesquelles vous serez plutôt invisible (problème de dispersion). La quantité (nombre de vos contacts) est importante, mais la qualité de vos relations compte encore plus.
   Jouer un rôle actif, c'est par exemple faire du bénévolat ou être membre du bureau, administrateur, c'est-à-dire tout ce qui augmente votre visibilité.
3. Si aucune organisation n'existe dans votre domaine d'activité ou en phase avec votre marque personnelle, créez la vôtre ! Cela peut être une organisation de type association, mais le plus simple est de commencer en virtuel avec l'ouverture d'un espace collaboratif (forum de discussions)

ou d'une liste de diffusion de type Yahoo Groups. À titre d'exemple ou plutôt d'exemplarité, visitez l'espace collaboratif « Management 2.0 » que je co-anime avec Éric Seulliet (La Fabrique du Futur) et qui est dédié aux évolutions du management dans l'économie du savoir : *http://www.axiopole.com/fr/portail.html.*

4. Écrire des articles, publier un blog ou un livre, envoyer une *newsletter* est un moyen puissant d'augmenter la taille de votre réseau. À la suite de la publication d'un article, on vous contactera. Le nombre de vos nouveaux contacts sera en général proportionnel à la qualité de votre article, livre, *newsletter* ou blog.
5. Écrivez des cartes de remerciements ou de félicitations quand c'est sincère et que cela vient du cœur, sinon cela se retournera contre vous (flatterie, hypocrisie). Votre texte ne sera crédible que s'il est authentique. De même, quand vous lisez une lettre de recommandation, vous voyez bien la différence entre celle qui est écrite de bon cœur, avec conviction et celle rédigée par intérêt ou obligation. Pensez aussi aux cartes de vœux !
6. Inscrivez-vous sur les réseaux sociaux en ligne : LinkedIn (le leader mondial avec plus de 30 millions de membres – *www.linkedin.com*), Viadeo (le challenger français – 5 millions de membres – *www.viadeo.com*), Plaxo (plus de 20 millions de membres – *www.plaxo.com*) ou Facebook (le réseau de 100 millions de membres qui est social, mais devient de plus en plus professionnel même si Facebook est grandement utilisé dans la sphère privée et à des fins ludiques – *www.facebook.com*).
   Ces services seront décrits en détail dans différents chapitres de ce livre. Ils vous aident à entrer en contact avec des personnes que vous ne connaissez pas en utilisant vos contacts comme des tiers de confiance.
   Ces réseaux professionnels en ligne sont le prolongement naturel de vos actions en face à face. Ils constituent un

moyen très efficace de promouvoir votre identité professionnelle. En vous inscrivant sur plusieurs réseaux, vous augmenterez votre visibilité professionnelle. Par ailleurs, vous ne savez pas où vos futurs contacts vont s'inscrire. Il peut être intéressant de faire un sondage auprès de votre entourage professionnel pour savoir quel est le site qui a leur préférence.

L'avantage de ces réseaux comparé au face à face est que vous pourrez vous reconnecter facilement à des personnes perdues de vue depuis des années.

7. Téléphonez à vos contacts de temps en temps ! Vous pouvez vous contenter de l'e-mail pour vos contacts de niveau 2 et 3, mais n'oubliez pas le téléphone pour vos contacts de niveau 1. Par ailleurs, pour le niveau 2, un e-mail personnalisé pour faire une annonce est préférable à un e-mail impersonnel envoyé en copie cachée à une liste de diffusion (plus adapté pour le niveau 3). Par ailleurs, certaines messageries assimilent les envois massifs à des spams ce qui limite la portée réelle de votre envoi.

8. Encore mieux que le téléphone, organisez des soirées en petit comité (maximum quatre personnes) chez vous ou dans un lieu adapté à votre marque personnelle. Si vous autorisez vos contacts à inviter un de leurs contacts, cela peut vous aider à étendre votre réseau. Ces soirées sont en priorité pour vos contacts de niveau 1 et niveau 2. Les relations virtuelles s'ajoutent aux relations en face à face, elles ne les remplacent pas.
   Vous pouvez également organiser des déjeuners et des petits-déjeuners. C'est une excellente façon de faire vivre votre réseau sans empiéter sur votre temps de travail.

9. Communiquez avec l'aide des réseaux sociaux en ligne pour informer vos contacts de vos évolutions professionnelles ou de vos réalisations. Sans entrer dans le détail du fonctionnement de chaque service, vous trouverez des fonctions utiles

comme « votre statut » qui représente une partie de vos flux d'activités. Il s'agit du champ de saisie qui contient une expression du genre : « *What are you doing right now?* » (« Que faites-vous en ce moment ? »). En répondant à cette question par une courte phrase, vous alimentez une page (techniquement, il s'agit d'un flux RSS) qui se trouve sur le profil de tous vos contacts et qui permet à chacun de savoir ce que les autres sont en train de faire (au sein de leur réseau de contacts respectifs). Il faut utiliser cette fonction régulièrement pour découvrir son potentiel de « reconnexion » (réactivation d'un contact qui rebondit sur la mise à jour de votre « statut »). Cela existe sur LinkedIn ou Facebook par exemple. Il s'agit d'un système non intrusif car personne n'est obligé de lire ce flux RSS.

Si vous souhaitez aller plus loin, il existe également des outils spécialisés dans la gestion des flux d'activités. Ils fonctionnent en dehors des réseaux sociaux. On appelle cela le micro-blogging. Le leader du marché est Twitter (*www.twitter.com*). On présentera ce service en détail dans le chapitre dédié aux blogs.

Autre exemple, LinkedIn informe automatiquement vos contacts quand vous mettez à jour votre profil : nouvelle fonction, changement d'entreprise, etc.

10. Participez à des formations qui soient à la fois utiles à votre développement professionnel (expertise) et à celui de votre réseau de contacts. Les pauses sont le meilleur moment pour « réseauter » !

Par où commencer ? Pour démarrer, vous avez besoin d'un plan d'action. Le 1er de chaque mois, fixez-vous trois actions à réaliser au plus tard à la fin du mois. Sélectionnez des actions différentes chaque mois. Au bout de quelques mois, vous trouverez votre rythme de croisière.

Que faire si on donne plus que l'on ne reçoit ?

Réseauter, c'est donner en premier. Mais, à un moment ou un autre, vous aurez envie de faire vos comptes ! Vous donnez beaucoup aux membres de votre réseau et parfois vous avez l'impression que le jeu est gagnant/perdant. Et le perdant, c'est vous bien sûr. Du coup, vous êtes tenté par le perdant/perdant : vous ne donnez plus rien et en retour vous ne recevez rien. C'est une logique implacable. Tout le monde finit par perdre.

À l'échelle d'un réseau, on ne peut pas tenir des comptes individuels (crédit et débit). Un réseau est un collectif, il faut faire une mesure collective de vos bénéfices sans tenir compte du niveau individuel. Ainsi :

- vous donnez beaucoup à des personnes qui ne vous donnent rien ;
- vous ne donnez rien à des personnes qui vous donnent beaucoup ;
- vous donnez plus ou moins à des personnes qui vous donnent plus ou moins.

Si vous faites une mesure de vos bénéfices au niveau global, vous verrez que vous avez reçu au moins autant que ce que vous avez donné. Dans une dynamique de réseau, le problème n'est pas de tenir des comptes individuels mais d'amorcer une dynamique collective d'entraide.

Dans votre réseau, il y aura statistiquement un petit nombre de profiteurs. Un profiteur est une personne que vous avez aidée et qui refuse en retour de vous aider quand vous la sollicitez, alors qu'elle est en mesure de le faire et que votre demande d'aide est raisonnable, compte tenu de l'aide que vous avez vous-même apportée à cette personne. Cependant, quand quelqu'un refuse de vous aider, ce n'est pas forcément un profiteur. Une relation doit être équitable, l'entraide doit être proportionnelle en termes d'enjeux et de capacités.

Il est important de ne pas focaliser votre attention sur les profiteurs et encore moins de prendre exemple sur eux. Un profiteur porte en lui tout ce qu'il faut pour détruire son réseau professionnel. Tôt ou tard, vous allez repérer les profiteurs qui gravitent dans votre réseau et vous allez naturellement ajuster votre relation avec eux ou simplement les éjecter !

Vous ne pouvez pas adhérer au principe du gagnant/gagnant au niveau collectif par la raison, mais par votre culture. Soit vous adhérez spontanément parce que cette proposition est compatible avec votre culture, soit vous n'adhérez pas en vous fondant sur un raisonnement qui cache en fait une incompatibilité culturelle avec ce type de principe. En d'autres termes, si vous êtes vous-même un profiteur, vous n'en avez aucune conscience. Quand vos amis vous quittent, vous ne comprenez pas pourquoi.

Conclusion : plus vous aidez les gens, plus vous recevrez de l'aide de ces mêmes gens et de bien d'autres que vous n'avez pas forcément aidé.

Mettre en relation les membres de votre réseau

Entre deux membres de votre réseau de contacts que vous connaissez bien, vous pouvez jouer le rôle de tiers de confiance, de connecteur. Mettre en relation deux personnes de votre réseau, c'est montrer que vous les connaissez bien (valorisation individuelle, reconnaissance de leurs mérites) et c'est aussi apporter une aide qui amorce le jeu gagnant/gagnant dont vous avez besoin pour faire vivre votre réseau. Par ailleurs, cela peut être gagnant pour vous aussi car quand vous connectez deux personnes de votre réseau, vous les incitez (par mimétisme) à vous connecter avec des membres de leur réseau.

La mise en relation peut se faire dans un cadre convivial (café, restaurant) ou à défaut par téléconférences. Skype propose un système de web-conférence avec l'audio et la vidéo.

Pour mettre en relation les membres de votre réseau, vous pouvez le faire « par hasard » ou d'une manière plus structurée. Dans ce cas, il faut raisonner ainsi :

Contact A + Contact B = Quelle valeur ajoutée pour A et B si je les mets en relation ?

Faites l'exercice avec les contacts de niveau 1, puis ceux de niveau 2. *A priori*, vous ne connaissez pas assez bien vos contacts de niveau 3 pour cet exercice.

Créer un effet de levier

Vous pouvez également vous poser une autre question : en quoi ma marque personnelle serait-elle renforcée si elle était associée à la marque personnelle d'un de mes contacts ?

« Vous » + « Contact Y » = Quelle valeur ajoutée pour vous si vous combinez vos marques ?

Combinez vos marques, cela signifie : écrire un article ou un livre ensemble ; faire une proposition commerciale conjointe ; co-créer un business, une association ; organiser une soirée, une conférence ensemble.

« Vous » isolément peut conduire à un résultat minime tandis que « Vous + Contact Y » peut engendrer un effet levier qui vous conduira au succès et renforcera vos marques personnelles respectives.

Prenez la liste de vos contacts en commençant par le niveau 1 et répondez à cette question : quelle marque personnelle renforcerait la mienne ? quelles sont les actions que nous pouvons mener ensemble ?

Il est possible que vous obteniez encore plus de résultats en combinant votre marque personnelle à celles de trois ou quatre autres personnes. Mais là, cela devient plus lourd à mettre en œuvre et le résultat peut être aléatoire. À éviter et en même temps à garder en tête !

Je n'ai pas le temps !

Nous organisons la gestion de notre temps, nous nous fixons des priorités en fonction de nos habitudes de travail, mais plus encore de nos valeurs et de l'utilité que nous percevons des choses par rapport à l'atteinte de nos objectifs.

Nous trouvons toujours du temps pour faire des choses à condition d'y voir un intérêt. Et si, malgré notre intérêt, nous ne faisons rien, c'est qu'inconsciemment notre culture ou notre personnalité nous en empêche (voir le chapitre 2 sur l'intelligence culturelle dans la première partie).

L'argument du manque de temps est un grand classique de la résistance au changement, mais c'est un faux argument. « Je n'ai pas le temps » signifie en réalité : « Je ne veux pas le faire » parce que cela ne fait pas partie de mes priorités. La notion de réseau induit des valeurs centrées sur le collectif qui peuvent entrer en contradiction avec une culture plutôt individualiste de type : « Je n'ai besoin de personne pour m'en sortir » (*cf.* comportement du cow-boy, matrice savoir être coopératif, *Le Management de l'intelligence collective*, M21 Éditions, 2e éd., 2008).

Construire son réseau professionnel est un investissement sur le futur. C'est difficile parce que nous sommes absorbés par le présent. Alors, essayons de considérer cette action comme l'écriture d'un livre. On n'écrit pas trois cents pages à raison de cent pages par semaine. Un livre s'écrit dans la durée, souvent sur plus d'un an. On y travaille quand vient l'inspiration à certains moments de la journée ou de la semaine. Une heure par semaine est suffisante, on parle donc de quelques heures par mois, mais tous les mois !

Chapitre 8

L'impact de notre vie numérique sur notre identité et notre réputation

Nous avons débuté cette deuxième partie en commençant par des points de repère habituels : supports papier, apparences, réseaux sociaux, etc. La promotion de votre marque personnelle passe par des actions face à face, mais aussi par Internet. Comme nous le disions en introduction de ce livre, notre vie physique et notre vie numérique sont en interaction permanente. Il est donc évident que notre vie numérique impacte notre identité et notre réputation professionnelles dans le monde réel.

Ce chapitre[1] sera l'occasion de définir les notions d'identité et de réputation pour mieux les distinguer et mieux comprendre leurs fonctions respectives sur Internet.

1. Sources d'inspiration pour ce chapitre et remerciements à : http://www.fredcavazza.net, http://fr.techcrunch.com, http://www.outilsfroids.net/, http://www.tendances.it.

Qu'est-ce qu'une vie numérique ?

Dans ce nouvel espace qu'est Internet, nous avons parfois une autre vie, une vie bien différente de notre vie quotidienne, une vie numérique ! Nous créons cette vie numérique en utilisant de très nombreux services qui n'ont parfois aucun équivalent dans le monde réel. Voici quelques exemples des actions ou interactions qu'il est possible d'avoir sur Internet :

- publication de contenus : blog, podcast, videocast, journalisme citoyen (Agoravox, etc.), encyclopédies collaboratives (Wikipédia), plateforme de FAQ collaborative (Yahoo ! Answers, Google Answers) ;
- partage de contenus : photos (FlickR), vidéos (YouTube, Dailymotion…), musique ou liens (del.icio.us) ;
- publication d'avis sur des produits, des services, des prestations (TripAdvisor, Epinions, etc.) ;
- participation à des réseaux sociaux : sur un thème particulier (motos, cuisine, jeux, etc.) ; pour les professionnels (LinkedIn, Viadeo, Xing…) ; à vocation universelle (MySpace, Facebook, Orkut, etc.) ;
- achats en ligne sur des sites comme Amazon, eBay ou Fnac.com avec souvent des systèmes de paiement type Paypal ;
- recherche d'emploi (Monster, Stepstone, etc.), publication d'un CV en ligne (eMurse, Moncv.com) ;
- sites de rencontres (Meetic, Match, Netclub, etc.) ;
- sites de jeux en ligne (World of Warcraft, Everquest, etc.) ou univers virtuels (SecondLife, There, Habbo Hotel, Yoowalk…) ;
- offres de prestations (freelance.com, Odesk, Elance.com…).

En utilisant ces différents services, chacun de nous laisse derrière lui des « traces ». Certaines traces sont neutres ou insignifiantes comme donner son avis sur un hôtel mexicain avec TripAdvisor. Certaines traces peuvent avoir un impact très important sur notre vie (notre vie non numérique !), aussi bien en termes d'identité que de réputation.

Cet impact peut être *positif* : notoriété (votre identité est connue par un plus grand nombre de personnes) ou valorisation positive de votre réputation (communication d'éléments susceptibles de vous donner une bonne réputation).

Cet impact peut aussi être *négatif* : vol d'identité (un fraudeur vide vos comptes financiers ou effectue un emprunt en votre nom) ou destruction de votre réputation (attaques venant de vos rivaux à travers la diffamation par exemple).

Votre vie numérique n'est ni plus ni moins dangereuse que votre vie quotidienne !

Face aux dangers du vol d'identité, nous pourrions choisir de ne plus dévoiler certains éléments de notre identité sur Internet. Mais ce serait nous priver de beaucoup de services très utiles. Sur les réseaux routiers, nous respectons un code de la route pour éviter les accidents. Sur les réseaux de l'information, il y a aussi un code de conduite qui permet d'éviter les incidents. Rendre visible son identité sur Internet n'est pas plus dangereux que de prendre sa voiture, à condition de savoir conduire ! Par ailleurs, des outils, des techniques existent pour nous aider à protéger nos données personnelles les plus sensibles et nous en parlerons un peu plus loin dans ce livre.

Vie numérique *versus* identité numérique *versus* réputation numérique

Notre vie numérique impacte notre identité et notre réputation. Mais si vous vous promenez dans la blogosphère ou dans la presse, vous constaterez que la réputation numérique est souvent associée à l'identité numérique et inversement. Prenons par exemple Dick Hardt, ancien CEO de Sxip Identity (*http://www.identity20.com/?page_id=116),* qui expliqua lors d'une conférence en 2005 que « l'identité était égale à la réputation » (voir ce lien : *http://www.identity20.com/media/OSCON2005/oscon_videos/oscon_lg.html*).

Pourtant, un chat n'est pas égal à un chien même si ce sont deux animaux. Jupiter n'est pas égal à Saturne même si ce sont deux planètes. L'identité n'est pas égale à la réputation même si ce sont deux dimensions de notre vie numérique. La définition du dictionnaire pour l'identité : « Personnalité civile d'un individu, légalement reconnue ou constatée » n'est pas la même que celle de la réputation : « Opinion que le public a d'une personne ». Les experts de l'identité numérique (comme beaucoup d'experts d'ailleurs !) ont donc tendance à voir le monde numérique à travers le prisme de leur propre expertise… C'est terriblement humain…

L'identité et la réputation sont donc deux concepts autonomes. Publier une photo sur FlickR, une vidéo sur YouTube, un livre ou un commentaire sur un blog est un acte de la vie numérique qui ne change rien à l'identité, mais qui peut impacter positivement ou négativement une réputation.

Qu'est-ce que l'identité numérique ?

Voici quelques caractéristiques de l'identité numérique.

L'identité est liée à une personne

Nous avons deux types d'identité[1] :

- une *identité professionnelle* que nous avons déjà présentée en détail dans la première partie : aptitudes métier, compétences et qualités. Il s'agit des composantes liées à la personne. On pourrait aussi ajouter des éléments extérieurs comme les coordonnées professionnelles (intitulé de poste, service de rattachement, numéro de téléphone, de fax, de bureau, etc.). Ces coordonnées permettent de vous localiser et de

1. Source d'inspiration pour ces définitions : Tendances.IT, *http://www.tendances.it/index.php/post/2006/10/08/CardSpace.*

vous authentifier vis-à-vis des applications d'entreprise (messagerie, intranet, applications métiers). Elles sont généralement stockées dans l'annuaire d'entreprise (LDAP) ;

- une *identité personnelle* qui comporte :
  - vos coordonnées personnelles : adresse privée, téléphone privé, etc. Elles vous permettent de vous authentifier vis-à-vis d'applications grand public comme des sites de commerce électronique ;
  - vos coordonnées administratives : numéro de Sécurité sociale, identifiant pour les impôts ou dossier médical partagé. Elles vous permettent de mener à bien les procédures administratives.

L'identité est déclarative

Elle rassemble des éléments factuels et observables que vous communiquez au monde. Vous donnez vos coordonnées. Vous décrivez vos aptitudes métier, compétences, qualités dans votre CV et votre lettre de motivation, ainsi que durant les entretiens d'embauche (ou avec des prospects si vous êtes freelance).

Votre identité est contrôlée par des tiers

Les fournisseurs de service sur Internet ont besoin de contrôler votre identité dans le cadre de transactions virtuelles :

- virements de fonds, paiements, ouverture de compte en banque, etc. ;
- commerce électronique (vente/achat). Il est important de pouvoir vérifier l'identité réelle du vendeur ou de l'acheteur pour les retrouver en cas de litige (non-paiement, produit non conforme).

Il existe des services spécialisés dans la certification de l'identité. Cela permet de prouver sa vraie identité en ligne. Trufina est le leader aux États-Unis (*www.trufina.com*). Exemple de profil : *https://profile.trufina.com/tdrugan* (on ne peut y accéder que sur autorisation du détenteur via une demande par e-mail).

En France, vous pouvez utiliser MyID.is lancé fin 2008 par Charles Nouyrit (*www.myid.is*). À vous de voir s'il est pertinent de certifier votre identité sur vos profils et contenus en ligne compte tenu de votre situation. Le coût est modique, environ 3 à 5 euros à vie (5 USD sur Trufina).

L'identité numérique peut vous faciliter la vie !

Il est possible de s'inscrire sur plusieurs services avec un compte unique. Par exemple, vous créez un compte sur OpenID.net et vous pouvez ensuite vous inscrire automatiquement sur d'autres services sans avoir à ressaisir votre prénom, votre nom, e-mail, etc. Très pratique !

Qu'est que la réputation numérique ?

Bien que la réputation soit l'objet de la partie 3, nous avons besoin de définir la notion de réputation pour mieux comprendre la notion d'identité et mieux faire la différence.

Parler de réputation numérique, c'est répondre à cette question : comment mes actions sont-elles évaluées par mon entourage social et professionnel ? Voici quelques caractéristiques de la réputation numérique :

La réputation est liée à une évaluation

Il s'agit de deux personnes qui s'évaluent mutuellement pour déterminer dans quel contexte elles peuvent se faire confiance. Chacun détermine « une sphère de confiance ».

La réputation est subjective

Il s'agit d'une évaluation sociale qui correspond plus ou moins à la réalité. Pour décrire notre perception d'une personne, nous

nous exprimons le plus souvent par des opinions. Or une opinion est un jugement de valeur, qui ne repose pas forcément sur des faits ou des données observables et quantifiables. L'évaluation peut donc être juste ou injuste !

Globalement, notre axe est toujours celui du professionnel. Il est évident que votre réputation n'est pas uniquement professionnelle. Vous avez aussi une réputation personnelle et sociale.

On ne contrôle pas sa réputation

On ne contrôle pas sa réputation dans le sens où nous ne pouvons pas interdire aux autres d'avoir une opinion sur nous et d'en parler autour d'eux, mais on peut la gérer :

- en adoptant des comportements socialement acceptables pour avoir une bonne réputation. Il s'agit d'un mécanisme de contrôle social qui permet d'autoréguler les relations humaines ;
- en utilisant les outils de gestion de la réputation qui existent en particulier sur Internet, mais pas seulement. Ils permettent de mieux communiquer (profil en ligne), de mieux évaluer (plus de faits, moins d'opinions) ou de mieux surveiller (système d'alertes sur les critiques positives ou négatives dont nous faisons l'objet afin d'y apporter une réponse adaptée). Ces outils de gestion seront présentés dans la troisième partie.

Quels sont les enjeux ?

La question de l'identité numérique pose des problèmes principalement techniques, qui n'ont rien d'insurmontables. La question de la réputation pose avant tout des problèmes sociaux nouveaux dans le sens où Internet crée un nouveau contexte pour les relations humaines.

L'enjeu de l'identité numérique est le suivant : comment créer une carte d'identité numérique ? comment passer du papier au digital ? comment contrôler l'identité d'une personne à distance, en l'absence de face à face ?

L'enjeu de la réputation numérique consiste à inventer un nouveau mode d'évaluation, une nouvelle façon d'appréhender la réputation d'une personne sur Internet, en particulier dans les réseaux sociaux.

Nous allons voir, dans les chapitres suivants, comment mieux nous faire connaître grâce à Internet.

Chapitre 9

Sur Internet, êtes-vous présent ou visible ?

Dans les chapitres 6 et 7, nous avons listé différents moyens pour mieux se faire connaître dans le monde non numérique. Sur Internet, les enjeux et les outils sont nouveaux.

Des millions de recherches sur des personnes sont effectuées en ligne chaque jour dans les moteurs de recherche. Les gens cherchent des informations sur leurs collègues, de nouveaux clients, des amis, etc. 47 % des adultes *américains* (contre 22 % en 2002) ont déjà vérifié ce qui se disait d'eux sur le réseau. 53 % d'entre eux admettent aussi se renseigner sur leurs collègues de bureau, leurs voisins ou leurs futur(e)s conjoint(e)s (*source* : 01Net).

Il sera bientôt possible d'affirmer que si Google ne vous connaît pas, vous n'existez pas ! Bâtir votre identité numérique est un élément déterminant de vos futurs succès. À l'avenir, les recruteurs seront de plus en plus pro-actifs (et pas seulement aux États-Unis !). Ils viendront vous chercher sur Google et dans les réseaux sociaux professionnels. Il est préférable qu'ils y trouvent des informations positives et concordantes avec votre identité professionnelle et votre projet. Vous devez donc avoir votre profil sur Internet et le référencer dans les moteurs de recherche.

Vous êtes probablement présent sur Internet, vous devez maintenant devenir visible. Il est donc important de faire le point sur votre visibilité en ligne et de définir la meilleure stratégie possible pour mieux vous faire connaître.

Quelle est votre visibilité numérique ?

Pour connaître votre visibilité numérique, le plus simple est d'utiliser un moteur de recherche : Google et éventuellement Yahoo, Live Search et Exalead. Vous pouvez également utiliser un méta-moteur de recherche. Il s'agit d'un moteur qui cherche sur plusieurs autres moteurs de recherche. En voici deux :

- IxQuick (*http://ixquick.com*) ;
- Mamma (*http://www.mamma.com/fr/*, proposé par Copernic).

Dans le moteur de recherche, entrez votre prénom et votre nom avec guillemets : « Édouard Dupont ». C'est le service minimum. Pour élargir la recherche, pour aller plus loin, vous pouvez aussi chercher :

- votre surnom ;
- nom de jeune fille ;
- abréviations de votre prénom (Frédéric, Fred ou F. par exemple) ;
- prendre en compte les fautes d'orthographe courantes sur votre nom ou prénom ;
- « nom prénom » en plus de « prénom nom » ;
- prénom nom sans guillemets ;
- vous êtes parfois cité à travers l'URL de votre blog ou de votre site personnel ou professionnel (surtout sur Twitter). Alors, il peut être utile de faire une recherche sur les URL qui sont en relation avec votre identité professionnelle ;

- votre nom (*ou* votre prénom) + un nom de projet auquel vous avez participé ou un nom d'association, d'école, de ville ou d'entreprise dont vous faites partie (ou avez fait partie).

Vous devez ensuite vérifier le contenu qui vous cite nominativement. Le contenu (images et textes) trouvé sur Internet correspond-il à l'image que vous voulez donner de vous ? Cela correspond-il à votre marque personnelle ?

Parfois, les informations vous concernant sont fausses, périmées, gênantes, incomplètes ou concernent un homonyme (même prénom et nom).

Comment créer un profil en ligne ?

La première étape pour être plus visible consiste à créer un ou plusieurs profils en ligne. Votre objectif est de promouvoir sur Internet ce que vous voulez que l'on sache sur vous. Voici une liste de quelques services spécialisés dans la promotion de votre marque personnelle (par ordre alphabétique) :

- **Brand-Yourself** (*www.brand-yourself.com*) propose un profil en ligne, un nom de domaine et promet de nombreuses fonctionnalités dans le futur. Lancé en 2008 par trois étudiants – origine : États-Unis ;
- **CV 2.0** (*www.cv-20.com*) est une solution de gestion de vos références professionnelles qui propose également un mini-site web conçu pour les professionnels. Pour votre information, l'auteur de ce livre est également le concepteur de ce service. Lancé en juin 2008 – origine : Canada – France ;
- **LookUpPage** (*www.lookuppage.com*) est un service de création de profil en ligne qui offre, avec l'abonnement premium, un suivi de ses visiteurs et un nom de domaine. Lancé début 2008 – origine : Israël, Royaume-Uni ;
- **Naymz** (*www.naymz.com*) propose de nombreux services : profil en ligne, gestion des références professionnelles,

moteur de recherche de personnes, agrégation de flux RSS (photos, blogs, vidéo, etc.), achat de liens sponsorisés et service de surveillance de votre réputation. Lancé en juin 2006 – origine : États-Unis ;

- **Plaxo** (*www.plaxo.com*) est au départ un gestionnaire de carnet d'adresses en ligne. Le service se transforme maintenant en réseau social (Pulse) qui permet aussi d'afficher un profil en ligne (social ou professionnel). Lancé en 2002 – origine : États-Unis ;
- **QAlias** (*www.qalias.com*) propose un profil en ligne et, pour 10 USD par mois, vous pouvez référencer votre profil dans les liens sponsorisés des moteurs de recherche. Lancé en 2008 – Origine : États-Unis ;
- **Squidoo** (*www.squidoo.com*) vous invite à créer des « lentilles » (en fait une page web) sur des sujets de votre choix afin de renforcer votre statut d'expert dans un domaine. Au lieu de chercher une personne, on cherche un contenu qui nous amène à une personne (l'expert !). Lancé en 2005 – Origine : États-Unis ;
- **Ziggs** (*www.ziggs.com*) propose un service d'édition de profil en ligne sous forme d'un mini-site web ainsi qu'un service d'annuaires. Depuis peu, il propose des fonctions sociales et l'achat de nom de domaine. Lancé en 2005 – Origine : États-Unis ;
- **Ziki** (*www.ziki.com*) propose de nombreux services : profil en ligne, réseau social, moteur de recherche de personnes, agrégation de flux RSS (photos, blogs, vidéo, etc.) et achat de liens sponsorisés. Lancé début 2006 – origine : France.

À cette liste, on peut rajouter les réseaux sociaux qui permettent d'afficher un profil public ; par exemple : Linkedin, Plaxo ou Viadeo.

La plupart des moteurs de recherche de personnes agrègent des informations sur vous. Il s'agit de données trouvées dans plusieurs sources d'informations qui varient d'un moteur à l'autre. Les résultats renvoyés par ces sources permettent à ces moteurs de créer automatiquement votre profil. Presque tous les moteurs vous permettent de modifier ce profil :

- **123People** (*www.123people.com*) est un moteur de recherche de personnes qui propose une mise en page des résultats très complète et très ergonomique. Ce moteur va chercher toutes les informations disponibles en ligne et publiques. Lancé début 2008 – origine : Autriche ;
- **PeekYou** (*www.peekyou.com*) est un moteur de recherche de personnes type annuaire pages blanches. Lancé en 2007 – origine : États-Unis ;
- **Spock** (*www.spock.com*) est un moteur de recherche de personnes avec des fonctions de réseau social. On peut réclamer son profil créé automatiquement pour le mettre à jour. Lancé en 2006 – origine : États-Unis ;
- **Wink** (*www.wink.com*) est un moteur de recherche de personnes. Lancé en 2007 – origine : États-Unis ;
- **Zoominfo** (*www.zoominfo.com*) est un moteur de recherche de personnes qui agrège les profils publics créés sur d'autres services. Votre profil est créé automatiquement mais, comme sur Spock, on peut « réclamer » (revendiquer) son propre profil pour le mettre à jour. Lancé en 2005 – origine : États-Unis.

L'enjeu est simple : être visible à travers vos propres profils plutôt qu'à travers les contenus produits sur vous par les autres. Si vous ne vous présentez pas vous-même, d'autres pourraient le faire à votre place et à leur manière, c'est-à-dire d'une façon qui ne correspond peut-être pas à votre identité professionnelle.

L'objectif n'est pas de s'inscrire sur tous les services. Mais, pour occuper le terrain, il est important de créer quelques profils (en plus des réseaux professionnels dont nous avons déjà parlé type LinkedIn). C'est possible sans trop d'effort si vous connaissez la touche raccourcie du clavier de votre ordinateur : CTRL + A (sélection du texte entier), CTRL + C (copier le texte du profil A) et CTRL + V (coller sur le profil B). Un peu de copier/coller et une mise à jour de temps en temps de vos profils en ligne représente moins de travail que de participer à des réunions de clubs, cercles, associations chaque semaine !

Quelques conseils !

Une fois que vous avez créé un ou plusieurs profils, il faut choisir votre navire amiral, le *service central de votre identité professionnelle* en ligne. C'est ce profil que vous allez mentionner sur vos e-mails, votre blog, vos courriers papiers, etc., en ajoutant le lien Internet vers ce profil principal.

La plupart des services que nous avons cités vous encouragent à mettre le plus possible d'informations sur vous. La transparence a cependant des limites. Nous devrions parfois nous inspirer du principe : « *Less is more* » (*cf.* architecte Mies Van Der Rohe). En fait, le contenu de votre profil en ligne doit être adapté à votre identité professionnelle telle que définie dans la première partie du livre. Si votre profil est professionnel, il est préférable de ne pas mettre le flux RSS de vos photos de vacances sur FlickR (*www.flickr.com*) ou celui de la liste de vos musiques préférées sur Deezer (*www.deezer.com*).

L'idéal serait de tester ces services, mais vous n'avez probablement pas le temps. Alors voici nos services préférés : CV 2.0, LookUpPage, Naymz, Plaxo, Ziggs, Ziki principalement pour la qualité de leur réalisation et le sérieux de leur service. De temps en temps, cela vaut le coup d'aller voir ce qui se passe sur Peekyou, Spock, Wink et Zoominfo pour améliorer le profil qu'ils ont créé automatiquement pour vous à partir des informations que vous avez (en théorie) vous-même laissées sur la place publique. Un passage est suffisant. 123People est un moteur vraiment impressionnant, très bien fait, que vous pourriez utiliser pour chercher d'autres personnes.

Enfin, Squidoo repose sur une idée intéressante, surtout à l'époque de sa création en 2005 avant l'émergence de la blogosphère et des moteurs de recherche spécialisés, qui ensemble forment quelque chose de beaucoup plus puissant et ouvert que Squidoo. Mais, pourquoi ne pas créer une page pour voir et se faire voir.

Quid des réseaux sociaux... non professionnels ?

Facebook, Orkut (Google), MySpace et tous les réseaux « sociaux » généralistes ne sont pas présentés dans ce livre car le Personal Branding concerne votre identité professionnelle. Il est important d'utiliser des outils dont l'image de marque est professionnelle parce que l'image de marque du service que vous utilisez impacte votre propre image de marque.

L'usage principal de Facebook est non professionnel. Facebook est aujourd'hui encore assez connoté par ses origines de trombinoscope pour étudiants des grandes universités américaines. On ajoute à son réseau des « *friends* », on « *poke* » (cela consiste à attirer l'attention d'une personne sur son profil), on cherche les rencontres amoureuses et le profil public que l'on peut activer est plus que limité. Mais, cela peut évoluer.

Cela ne signifie pas pour autant qu'il faut être absent de ces réseaux, mais il faut être très clair sur l'usage que vous en faites. Soit vous n'invitez que vos VRAIS amis et vous pouvez étaler votre vie personnelle avec vos photos « marrantes », soit vous vous en servez comme d'un LinkedIn *bis*, un autre support de votre identité professionnelle et vous invitez ou acceptez les invitations de vos contacts professionnels. Mais, le contenu de votre profil doit contenir les mêmes informations que celles que vous avez sur LinkedIn. Par ailleurs, compte tenu de l'image de marque de Facebook, il vaut mieux être réactif (accepter les invitations qui arrivent) plutôt que proactif (inviter tout votre carnet d'adresses professionnel).

Comment créer un CV en ligne ? un CV vidéo ? ou un CV PowerPoint ?

Si vous êtes en recherche active d'emploi, vous pouvez, en plus des services déjà cités, utiliser les services d'édition de CV en ligne. Cela peut aider votre recherche d'emploi car certains services sont connectés avec les sites de recrutement en ligne. Les éditeurs de CV en ligne proposent à peu près tous la même chose : la version Word de votre CV en ligne ! La bataille se fait ensuite sur les chartes graphiques, les noms de domaine (URL courte), l'ergonomie, l'insertion de CV vidéo, de portfolios... Voici quelques services par ordre alphabétique :

- **Doyoubuzz** (*www.doyoubuzz.com*) mise sur son ergonomie en AJAX pour faire la différence face à la concurrence. Leur ambition est également d'aller au-delà du CV et de proposer prochainement des connexions avec les CVthèques ainsi que des fonctions sociales (blog, réseau, etc.). Lancé en juin 2008 – Origine France ;
- **Easy-CV** (*www.easy-cv.com*) est un service de la société Recrutae (*www.recrutae.com*). Il s'agit du premier acteur sur le marché français. Il propose un système de CV vidéo. Lancé en 1999 – Origine France ;
- **eMurse** (*www.emurse.com*) est un service très complet et très simple à utiliser. Lancé en 2006 – Origine États-Unis ;
- **MonCV** (*www.moncv.com*) compte plus de cent mille utilisateurs. C'est le leader en France par le nombre d'utilisateurs. Lancé en 2006 – Origine France ;
- **VisualCV** (*www.visualcv.com*) a été lancé récemment après une levée de fond de 5 millions de dollars. Du fait de ces moyens, le service est très bien conçu et très puissant. Leur objectif est de rendre leur CV en ligne compatible avec les solutions de recrutement des entreprises. Lancé en mars 2008 – Origine États-Unis.

Si vous êtes un professionnel en poste ou un freelance et que vous utilisez ces services, vous indiquez explicitement que vous cherchez du travail. Est-ce le cas ? Si vous n'êtes pas à la recherche d'un emploi, mieux vaut éviter de vous inscrire ou de laisser votre CV en accès public. Sur la plupart des services, il y a des options pour masquer votre CV une fois que vous avez retrouvé un travail. Sur certains services, on peut également décider de ne pas apparaître dans les résultats de recherche sur le nom de la société où on travaille, afin de faire une recherche d'emploi officieuse.

Peut-on se fier à un CV en ligne ?

On peut se fier à un CV en ligne autant qu'à un CV papier et inversement ! De même pour les profils en ligne (LinkedIn, Naymz, Ziki, etc.). Il y a des CV truqués parce qu'il y a des malhonnêtes. Notre société continue de construire des prisons et paye des juges parce qu'elle n'a pas encore trouvé le moyen de transformer les malhonnêtes en personnes honnêtes. Internet n'est ni la cause de l'existence des malhonnêtes, ni la solution au problème. Cela dit, Internet rassemble des éléments, des contenus qui apportent ensemble des éclairages différents. Cela contribue à une meilleure gestion des risques face aux malhonnêtes qui sont depuis toujours une minorité, sinon il y aurait plus de prisons que de maisons !

Mon identité professionnelle en vidéo

Sur votre profil en ligne et/ou votre CV en ligne, vous pouvez ajouter une ou plusieurs vidéos. Il s'agit de vous montrer en action professionnellement (discours, présentation, interview, conférence, formation, etc.). Ces vidéos peuvent être hébergées par exemple par YouTube (*www.youtube.com*) ou un service équivalent.

Certains services d'édition de CV en ligne, ainsi que des services spécialisés, vous proposent également de créer un CV vidéo qui peut venir en complément de votre CV papier ou de votre CV en ligne. Devant votre caméra (webcam), vous répondez à des questions du type : qui suis-je, ce que je cherche, mon expérience, mes compétences, etc. La plupart du temps, on vous suggère des questions.

Certains professionnels créent eux-mêmes leur CV vidéo. Marie Breton est célèbre sur Internet pour son CV Vidéo publié sur YouTube : *www.youtube.com/watch?v=pYBN9Y6ymaQ* ou taper « Marie Breton » dans le moteur de recherche de YouTube. Son CV vidéo est aujourd'hui une référence et elle a bien sûr trouvé du travail à la vitesse de l'éclair parce qu'elle a su faire la différence.

Voici les services qui permettent de réaliser des CV vidéo :

- **Youjob** : *http://www.youjob.com/(France)* ;
- **Easy-CV** : *www.easy-cv.com/cv-video/(France)* ;
- **Voicejob** : *http://www.voicejob.com* (Canada).

Mais tout le monde n'est pas Marie Breton. Fortes de son succès, beaucoup de personnes ont voulu en tirer le même bénéfice sans avoir forcément le même talent audio-visuel, ni les mêmes moyens techniques. N'oubliez pas que sur YouTube, on peut faire des commentaires sur votre CV vidéo. Certains professionnels ont été ridiculisés publiquement. Les raisons étaient assez objectives : un son de mauvaise qualité, une image médiocre, une musique inadaptée, un discours convenu, etc. YouTube devient alors un peu comme la cour de récré. Sous couvert de l'anonymat, on insulte, on se moque, on ridiculise. Par exemple, un certain Mathieu a fait l'objet de plusieurs vidéos parodiques. Certes, il y a ce dicton « Il vaut mieux qu'on parle de vous en mal plutôt que pas du tout », mais parfois… il vaut mieux s'abstenir. Car, une fois digitalisés, les textes, les photos et les vidéos peuvent se dupliquer à l'infini pour le meilleur (notoriété) ou pour le pire.

Par ailleurs, la vidéo doit apporter beaucoup plus que la répétition du CV ou de la lettre de motivation. Une webcam ne suffit pas à faire un CV vidéo. Il faut de vraies compétences en communication et des qualités artistiques. L'esthétique de la vidéo et le jeu d'acteur doivent être bien meilleurs que dans un film de série B. Bref, il est plus que préférable de faire appel à des professionnels de la communication et de la vidéo.

L'idéal est de réaliser une vidéo de deux minutes maximum pour présenter son projet professionnel et ses principales compétences. La vidéo doit être irréprochable sur la forme et sur le fond.

Enfin, nous lisons plus vite que nous écoutons. Les recruteurs ont à peine le temps de lire votre CV, auront-ils le temps de visionner votre vidéo ? peut-être ou peut-être pas ! Tout dépend de votre métier, si vous travaillez dans les arts, cela peut se révéler plus pertinent que si vous travaillez dans la banque.

Par contre, les offres d'emploi au format vidéo sont promises à un bel avenir. Voir son futur manager à l'écran vous inviter à venir rejoindre son équipe, cela peut faire la différence dans la masse des offres d'emplois, surtout s'il est convaincant et que la vidéo est professionnelle. La vidéo constitue également une excellente solution pour les entretiens de recrutement à distance.

Votre CV devient visuel grâce à PowerPoint !

Trop dangereux le CV vidéo, trop dur à réaliser ? Alors essayez le CV visuel au format PowerPoint (ou présentation équivalente via Google Docs par exemple). Visitez le CV de Saranyan, le pionnier en la matière pour comprendre le principe : *http://www.slideshare.net/saranyan/visual-resume.*

Vous créez donc votre CV sur PowerPoint et vous le mettez en ligne sur SlideShare (*www.slideshare.net*) ou équivalent.

Chapitre 10

Comment optimiser votre visibilité sur Internet ?

Tous les services que nous avons listés dans le chapitre précédent (profil en ligne, CV en ligne, CV vidéo) proposent un système pour référencer votre profil dans les moteurs de recherche. On appelle cela le référencement naturel. On indique au moteur de recherche l'existence d'une page et on optimise son référencement avec diverses techniques pour que cette page apparaisse dans les premiers résultats (SEO : *search engine optimization*, voir : *www.en.wikipedia.org/wiki/Search_engine_ optimization*).

Mais pour que votre profil apparaisse dans les premiers résultats lors d'une requête sur un moteur de recherche, il est possible d'aller plus loin en utilisant des liens commerciaux et en achetant son propre nom de domaine (*www.prénom-nom.com* par exemple).

Référencer votre profil à travers les liens commerciaux

Les liens commerciaux sont les liens mis en valeur sur la page qui affiche les résultats de votre requête sur un moteur de recherche. Ils se trouvent soit au-dessus des résultats en haut de page, soit sur la droite des résultats. On parle aussi de liens sponsorisés. Le principe est simple. Un vendeur de DVD va acheter le mot « DVD » pour que le lien vers son site de vente de DVD apparaisse dans les liens commerciaux si un internaute tape « DVD » dans un moteur de recherche.

Pour le Personal Branding, c'est la même chose. Vous « achetez » les mots qui correspondent à votre prénom et votre nom et lorsqu'un internaute (prospect, recruteur) tape votre prénom et votre nom dans un moteur de recherche, c'est un lien vers votre profil en ligne qui apparaît dans les liens commerciaux en haut de page.

Acheter des liens commerciaux via un service tiers

QAlias, Ziki, Naymz, Ziggs (bientôt CV 2.0 & Brand-Yourself.com) vous proposent un abonnement pour référencer le profil que vous créez sur leur service dans les liens commerciaux de plusieurs moteurs de recherche. Votre profil Ziggs par exemple apparaît ainsi en premier dans les liens sponsorisés. Cependant, vous ne pouvez pas renvoyer vers votre blog ou vers votre profil LinkedIn. Le lien sponsorisé renvoie obligatoirement vers le profil que vous créez sur Naymz, Ziki ou Ziggs.

Par ailleurs, le service est payant car les moteurs de recherche font aussi payer ces liens. Le coût des abonnements est au minimum de 60 USD (Naymz, Ziggs) ou 30 euros (Ziki) par an pour mettre votre profil dans les liens sponsorisés des moteurs de recherche (QAlias demande 120 USD par an pour pratiquement les mêmes fonctionnalités). Ziki propose une offre à 30 euros pour les particuliers et à 180 euros pour les entreprises, qui permet de personnaliser le message du lien sponsorisé et de renvoyer vers le site de l'entreprise au lieu du profil Ziki.

Ci-contre un exemple avec John Webb. Regardez sur la droite de l'image, la flèche rouge pointe le lien sponsorisé par Naymz.

Si vous souhaitez renvoyer vers un profil particulier (blog, réseaux sociaux professionnels, site de votre entreprise, etc.), vous pouvez aussi faire vous-même ce travail de référencement en ouvrant un compte sur les moteurs de recherche qui proposent ce type de services.

Autre exemple ci-dessous avec le fondateur de PowerOn, Jean-François Ruiz :

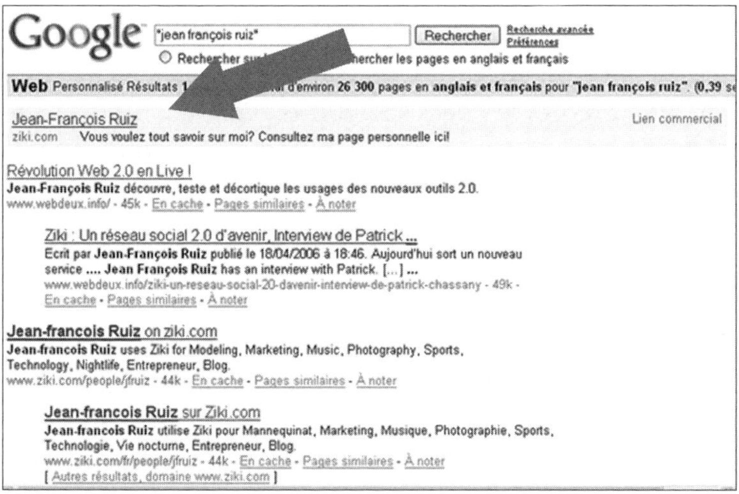

Acheter en direct sans intermédiaire

Google AdWords : *https://adwords.google.fr*

Avec Google AdWords, vous payez uniquement lorsque les utilisateurs cliquent sur votre prénom et votre nom dans les liens sponsorisés. En plus de votre prénom et de votre nom (indispensable pour votre marque personnelle), vous pouvez ajouter des mots-clés liés à votre activité, à votre expertise ou au nom de votre organisation. Cela peut représenter un avantage intéressant par rapport à Naymz, Ziggs et Ziki, qui ne référencent que votre prénom et votre nom. Cependant, plus vous ajoutez des mots et plus vous augmentez le coût de votre référencement !

Votre prénom et votre nom apparaissent à côté des résultats de recherche ou au-dessus. Mais, il y aura bien sûr aussi les autres pages sur Internet qui contiennent votre nom et votre prénom. Personne n'est obligé de cliquer sur votre lien sponsorisé par Google.

Sur Google AdWords, il n'y a aucun montant de dépenses minimum (en dehors des frais d'activation). Si personne ne clique sur votre « prénom nom », vous ne payez rien. Vous pouvez aussi définir un budget maximum de dépenses, par exemple 5 euros. Au-delà de 5 euros, votre prénom et votre nom seront retirés des liens sponsorisés. Pour donner un ordre de grandeur, avec un coût par clic de 0,01 euro, si votre budget est de 5 euros, cela signifie que cinq cents personnes peuvent cliquer sur votre lien sponsorisé. Selon votre notoriété, cela peut représenter un volume de personnes qui vous chercheront (sur un moteur de recherche) d'un mois à… deux ans ! Ziggs et Naymz vous facturent 4,95 USD par mois, mais ils vous référencent au moins sur trois moteurs de recherche (Google, Yahoo et MSN). Uniquement sur Google pour Ziki. À vous de faire vos comptes en fonction de votre notoriété et de vos besoins !

Il est important de préciser que le coût par clic est variable. Ainsi, les mots-clés « DVD » ou « voyage » utilisés par les commerçants auront probablement un coût par clic supérieur à votre « nom de famille ». C'est la loi de l'offre et de la demande. Cependant, vous pouvez définir non seulement un budget maximum, mais aussi un coût par clic maximum pour garder la maîtrise de votre budget.

Sur les coûts, voici quelques informations pour la France en 2008 :

- frais d'activation : 5,00 euros ;
- coût par clic (CPC) minimum : 0,01 euro et plus, selon la popularité des mots clés.

Pour en savoir plus, visitez le centre de formation : *http://www.google.com/intl/fr/adwords/learningcenter/18719.html#ctx=tltp.*

Il existe aussi une alternative au CPC. Il s'agit du coût pour mille impressions (CPM) utilisé pour les annonces ciblées par emplacement (vous sélectionnez les sites sur lesquels s'affichent vos annonces). Vous payez lorsque l'annonce s'affiche sur les sites de votre choix. Vous payez une fois le téléchargement de la page web terminé et non au clic de l'internaute. Plus d'information sur ce lien : *http://www.google.com/intl/fr/adwords/learningcenter/20130.html.*

Yahoo Search Marketing

http://searchmarketing.yahoo.com/fr_FR/index.php. Le système de Yahoo est proche de celui de Google, pour en savoir plus : *http://help.yahoo.com/l/fr/yahoo/ysm/sps/start/overview_ss.html.*

Microsoft adCenter

http://advertising.microsoft.com/france/microsoft-adcenter. Globalement, il s'agit du même principe que pour Google et Yahoo, voici ci-après un extrait du site :

> « Découvrez Microsoft adCenter, l'outil de marketing online qui vous permet de gérer vos campagnes de liens sponsorisés sur Live Search, le moteur de recherche de MSN, premier portail Internet en France. Pour des frais d'inscription unique de 5 euros et une enchère minimale de 0,05 euro par mot-clé, vous pouvez faire apparaître le site web de votre société en tête des résultats de Live Search. »

Étant donné que Google est actuellement le moteur de recherche de référence, si vous n'en choisissez qu'un, il vaut mieux choisir prioritairement Google AdWords.

L'efficacité des liens commerciaux

Que ce soit *via* un service tiers comme Ziggs ou en direct, quelle est l'efficacité des liens sponsorisés ? La réponse est très simple : ça dépend !

Un système *inutile* pour ceux qui vous connaissent

Vous donnez votre lien vers votre profil Ziggs à un recruteur ou un client dans votre CV ou sur votre signature e-mail. Pourquoi payer en plus un lien sponsorisé sur Google ? Pour qu'ils vous trouvent deux fois ?

La bonne question est : « Pourquoi faire une recherche sur quelqu'un que nous connaissons déjà dans un moteur de recherche ? pourquoi le *googler* ? » *Googler* est un nouveau verbe qui signifie taper le prénom et le nom d'une personne dans un moteur de recherche.

Si un recruteur ou un prospect fait une recherche sur Dupont Lajoie, c'est parce qu'il a reçu son CV et/ou qu'ils vont réaliser un entretien. Il veut trouver des informations supplémentaires par rapport à ce que Dupont Lajoie indique dans son CV. Si vous êtes un blogueur, vous aurez mis un lien vers votre blog dans votre CV et le recruteur n'a donc pas besoin de Google pour le trouver. L'ensemble de vos profils en ligne n'intéresse pas le recruteur puisqu'il a déjà votre CV. Ce que le recruteur cherche vraiment, c'est ce que les autres pensent de vous. Ce sont des contenus publiés sur vous qui pourraient l'éclairer sur votre personnalité. C'est la validation du contenu de votre CV à travers d'autres sources.

En résumé, c'est votre *réputation* professionnelle qui l'intéresse et non votre *identité* professionnelle. À travers ces exemples, vous comprenez que votre lien sponsorisé ne sert à rien.

Un système *utile* pour ceux qui ont des homonymes...

En tant que client d'un dentiste, il est possible que vous ayez envie d'en savoir un peu plus sur lui en allant le googler. Votre dentiste s'appelle Machepro Duguidon. Vous tapez son prénom et son nom et sur les trente premiers résultats de Google, vous découvrez que Machepro Duguidon fait de la poterie. Ce n'est pas exactement ce que vous souhaitez pour vos dents. En fait, c'est un homonyme et il semble que les potiers soient plus branchés sur Internet que les dentistes !

Dans ce cas, les liens sponsorisés vont être utiles pour le dentiste qui pourra prendre le dessus sur le potier et permettre à ses clients de le retrouver pour en savoir plus sur lui.

Cependant, que faire si, à terme, tous les homonymes adoptent la même stratégie ? Faisons un raisonnement par l'absurde, votre homonyme « squatte » les premières places dans les moteurs de recherche. Vous souhaitez le déloger en achetant des liens sponsorisés. Il le découvre. Au début, il rigole, puis il se ravise et fait la même chose que vous. Deux autres homonymes font la même chose et vous vous retrouvez à quatre dans les liens sponsorisés. Au final, chacun de vous a perdu la bataille du lien sponsorisé et vous avez tous perdu de l'argent en achetant des liens pour rien.

Avant de se lancer dans la bataille, il faut d'abord évaluer le préjudice que vous subissez pour votre réputation par la présence d'homonymes. S'agit-il d'un potier ou d'un criminel ? S'agit-il d'un concurrent ?

Un système *utile* pour les fournisseurs de service dont le public utilise les moteurs de recherche

Prendre les pages jaunes sera bientôt un réflexe du passé (disons dans cinq à dix ans selon les générations et les habitudes). Mais pour l'instant, Google n'est pas un moteur de recherche de personnes, ni un annuaire téléphonique, ni les pages jaunes. Il produit des informations dispersées, triées en fonction de critères de pertinence peu adaptés pour une recherche sur des personnes. Les liens sponsorisés peuvent donc constituer une bonne option pour les fournisseurs de service (dentiste, plombier, freelance, etc.) en tant que substitut des pages jaunes.

Mais, il faut avant tout étudier la façon dont vos clients vous cherchent ou vous trouvent pour juger de l'opportunité d'achat de liens sponsorisés. Utilisent-ils les annuaires papier, le bouche à oreille, les moteurs spécialisés, la blogosphère ou les moteurs généralistes ?

Google est un peu comme un annuaire téléphonique incontrôlable parce que Google n'est pas contrôlable et n'est pas un annuaire. Mais, même si ce n'est pas un moteur conçu pour cela, Google est *de facto* un moteur de recherche de personnes et de services, c'est-à-dire à la fois les pages blanches et les pages jaunes.

Pour pallier à l'inadaptation de Google, de nombreux moteurs de recherche de personnes sont nés comme 123People, Spock, Wink, Zoominfo, PeekYou, ainsi que des services plus généralistes comme Ziki, Naymz, Ziggs et CV 2.0. Ces services sont spécialisés sur les personnes, mais ils sont peu utilisés car le premier réflexe est encore et toujours Google (Yahoo ou Live Search). Cependant, on peut supposer que dans quelques années, ces moteurs spécialisés seront plus utilisés pour chercher des informations sur des personnes, plutôt que des moteurs généralistes qui produisent beaucoup de « bruit ».

Pour conclure sur l'utilité des liens sponsorisés, n'oubliez pas ces millions de personnes qui, comme vous, ne cliquent jamais sur les liens commerciaux parce qu'ils ne les regardent jamais !

Optimiser le référencement de votre profil à travers l'achat d'un nom de domaine ?

L'achat d'un nom de domaine constitue une stratégie très efficace pour établir durablement votre présence en ligne. Le prix des noms de domaine est maintenant dérisoire (7 euros par an en 2008). On vous offre souvent la possibilité de créer un ou plusieurs e-mails sur votre nom de domaine. Vous ne perdez plus votre e-mail quand vous changez de fournisseur d'accès à Internet. C'est utile surtout si cet e-mail figure sur les centaines de CV que vous avez envoyés, sur vos cartes de visite ou vos propositions commerciales !

Vous disposez souvent aussi d'un espace de publication pour vos contenus. Vous pouvez ainsi mettre en ligne votre CV ou votre présentation sur votre propre nom de domaine. Si vous maîtrisez les outils de publication en ligne tels que Dreamweaver ou FrontPage, vous pouvez réaliser vos propres pages. Mais le mieux est encore de rediriger votre nom de domaine vers l'adresse du service qui affiche votre CV, votre profil ou votre blog.

Par exemple, sur 1 & 1 (*www.1and1.fr*), il est possible d'obtenir pour 7 euros par an : un nom de domaine, un e-mail et un espace de stockage de trois pages (on vous fournit même le logiciel pour créer vos pages vous-mêmes). Voir aussi les offres sur GoDaddy (*www.godaddy.com*).

Pour obtenir un bon référencement, il faudra que votre nom domaine contienne votre prénom et votre nom séparé par un tiret sinon le moteur de recherche considérera qu'il s'agit d'un seul mot. Un moteur ne sait pas dire où se termine votre prénom et où commence votre nom. Voici le format recommandé : *www.prénom-nom.com* et pour votre e-mail *contact@prénom-nom.com*, *prénom@prénom-nom.com* ou *mail@prénom-nom.com*. Dans l'exemple, l'extension est .com mais vous pouvez aussi choisir .net, .info, .org, .ca, .fr, etc., en fonction de vos préférences et des noms de domaine disponibles. Par ailleurs, il existe une extension spécifique pour les noms de famille : « .name ». Le choix de l'extension est secondaire, alors choisissez le moins cher !

Vous vous appelez Pierre Dupont et vous achetez *www.pdupont.com* parce que vous trouvez que c'est plus esthétique, plus court. Pourquoi pas ! Mais, les moteurs de recherche ne prendront pas en compte votre URL dans le référencement, vous diminuez fortement vos chances d'apparaître dans les premiers résultats. « pdupont » ne veut rien dire pour un moteur de recherche.

Le nom de domaine est un des premiers critères d'indexation par les moteurs. Il passe avant l'analyse du code HTML d'une page, de sa structure ou de ses balises META. Vous augmentez vos chances d'apparaître dans les premiers résultats, mais ce n'est pas garanti. Cela dépend aussi du contenu de votre profil et de la popularité de votre nom. Si votre nom est Igor Pszczolkowski, vous serez mieux référencé que Daniel Dupont, Durand ou Martin.

Bien que les interfaces pour acheter son nom de domaine soient simples, vous pouvez passer par un prestataire pour acheter votre nom de domaine. Ziggs propose « Ziggs Name Manager » qui permet de rediriger à votre place votre nom de domaine vers votre profil Ziggs, mais sur 1 & 1, vous pouvez le faire vous-même et ce n'est vraiment pas compliqué : cliquez sur « Destination », puis « Rediriger votre domaine », puis dans « Type de redirection », sélectionnez « Redirection HTTP » et enfin indiquez l'URL de redirection (le lien vers votre profil). Attention, tous les fournisseurs de noms de domaine ne proposent pas le système de redirection, vérifiez bien que l'option existe dans votre forfait. Naymz et Brand-Yourself.com proposent la même offre, de même que Doyoubuzz.

Comparez les prix de ces différents services. Vérifiez votre marge de manœuvre pour la redirection du nom de domaine. Pouvez-vous renvoyer vers d'autres sites que celui qui vous a vendu le nom domaine ? Assurez-vous que l'on vous offre un e-mail associé à votre nom de domaine.

Gérer sa marque personnelle n'est pas une action ponctuelle, mais une stratégie sur le long terme. Un nom de domaine permanent vous y aidera.

Chapitre 11

Bloguer ou ne pas bloguer, telle est la question !

Un des moyens de vous faire mieux connaître et d'être plus visible, c'est d'avoir un blog.

Quels sont les bénéfices d'un blog ?

Le blog représente l'outil par excellence du Personal Branding. Considéré comme journal intime à ses débuts, le blog est aujourd'hui un merveilleux support pour faire connaître et mettre en valeur votre identité professionnelle. Il est possible d'en dire beaucoup plus que sur un simple CV et de valoriser votre expertise.

Dans votre communication (mieux vous faire connaître), un blog vous aidera à passer de l'information à la conversation, de la promotion statique de votre identité professionnelle sur un profil en ligne à une dynamique interactive. En effet, quand vous publiez vos articles sur votre blog, vos lecteurs peuvent laisser des commentaires qui suscitent parfois des discussions, lesquelles permettent au final de co-construire le contenu du blog avec vous. C'est le principe du Web 2.0 : « contenu créé par les utilisateurs ». Un article est appelé « billet », « note » ou « post » sur un blog. Outre les blogs, vous pouvez aussi participer à des forums de discussion ou publier dans des journaux citoyens (plus de détails ci-dessous).

En créant une interaction autour de votre contenu, de votre ligne éditoriale, vous allez créer une dynamique de réseau social. Vos lecteurs, ceux qui vous lisent, mais encore plus ceux qui laissent des commentaires, vont devenir une partie de votre réseau sur le niveau 3 au début. Mais, ils peuvent ensuite devenir des contacts de niveau 2, puis de niveau 1. Cette interactivité autour de votre contenu permet donc un effet levier pour le développement de votre réseau de contacts. Vos contenus deviennent un moyen d'entrer en relation avec de nouvelles personnes.

Pour créer cette dynamique de réseau autour de votre blog, voici quelques conseils :

- il faut solliciter des commentaires à la fin de vos billets avec des questions ouvertes comme « qu'en pensez-vous ? », « êtes-vous d'accord ? », « avez-vous des propositions ? » ;
- quand un lecteur rédige un commentaire et vous pose une question dans son commentaire, il faut répondre rapidement ;
- si un blogueur vient faire des commentaires sur votre blog, il peut être efficace de publier des commentaires sur son blog (renvoyer l'ascenseur) ;
- d'une manière générale, il faut régulièrement faire des commentaires sur d'autres blogs.

Par ailleurs, il peut être pertinent d'installer sur votre blog le *widget* de MyBlogLog : *www.mybloglog.com* (qui appartient à Yahoo). Ce service vous propose des statistiques de visites et vous permet également de créer une communauté autour de votre blog. Un *widget* est une sorte de fenêtre incrustée dans votre page web (en l'occurrence votre blog) et qui importe des données (images, textes) en provenance d'un autre site.

Par exemple, le *widget* de MyBlogLog affiche sur votre blog les photos et profils de vos visiteurs. Quand des internautes se connecteront sur votre blog, ils pourront voir la liste de vos derniers visiteurs avec leur photo et leur profil… s'ils sont eux-mêmes inscrits sur MyBlogLog.

Voici un exemple sur le blog de Jacques Froissant, expert en recrutement 2.0 :

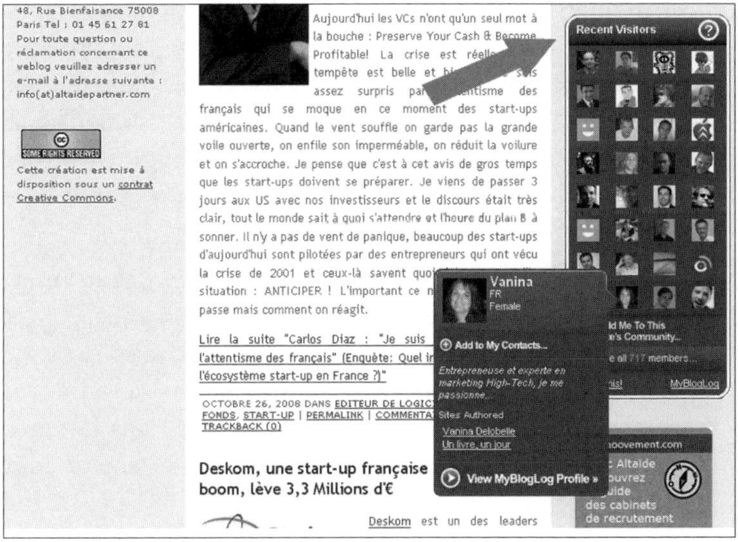

Sur cette copie d'écran, le visiteur du blog peut voir qui a visité avant lui. S'il est lui-même inscrit sur MyBlogLog, il peut rejoindre la communauté liée à ce blog. En mettant la souris sur une photo, le profil de l'utilisateur apparaît (Vanina dans l'exemple).

Êtes-vous prêt à créer votre blog ?

Tout le monde peut techniquement ouvrir un blog qui, par ailleurs ne nécessite pas d'investissement (c'est le plus souvent gratuit). Mais tout le monde n'est pas prêt à bloguer. Dans son rapport annuel *State of the Blogosphere – 2008*, Technorati indique que la majeure partie des 130 millions de blogs créés sont à l'abandon (*source* : *www.technorati.com/blogging/state-of-the-blogosphere*). Pour savoir si vous êtes prêt à publier des contenus sur votre propre blog, vous devez passer deux tests :

- test 1 : entrez dans la blogosphère, la sphère des citoyens auteurs. Pour cela, il faut commencer par lire les blogs des autres régulièrement. Vous pouvez utiliser un moteur de recherche spécialisé comme Google Blog Search (*http://blogsearch.google.com/*) pour trouver les blogs en rapport avec votre identité professionnelle. En lisant les blogs de vos concurrents, vous allez non seulement vous former, mais vous comprendrez aussi la mécanique du blogging. Si vous prenez du plaisir à lire des blogs, alors vous êtes prêt à faire le test 2 ;
- test 2 : écrivez des commentaires sur les blogs des autres, si possible avec du contenu utile : constructif, critique, etc., et pas uniquement des commentaires de félicitations ou de remerciements. Si vous prenez du plaisir à faire ces commentaires et que vous arrivez à le faire dans la durée (pendant au moins trois mois), vous êtes sûrement mûr pour ouvrir votre blog.

Par contre, si vous ne trouvez pas le temps de lire des blogs et encore moins de faire des commentaires qualitatifs : ne perdez pas votre temps, vous êtes un lecteur plus qu'un auteur. Chacun son truc ! Il ne faut pas forcer sa nature. Écrire ne doit pas vous demander un effort. Écrire doit être un plaisir comme vous pouvez avoir du plaisir à parler ou à manger. Avez-vous vraiment l'âme d'un auteur ?

On peut ouvrir un blog mais on peut aussi se contenter d'être un commentateur actif sur les blogs des autres. Cela demande moins de travail et c'est vraiment efficace pour être plus visible avec un effort minimum.

Comment créer et gérer votre blog ?

Il existe de très nombreux services pour créer son blog. Nous vous en suggérons quelques-uns parmi les plus connus : Blogger (*www.blogger.com*), Wordpress (*www.fr.wordpress.com*), Viabloga (*www.viabloga.com*), BlogSpirit (*www.blogspirit.com*) ou TypePad (*www.typepad.fr*). L'interface d'administration d'un blog est, selon le point de vue, aussi simple ou aussi compliquée que Word de Microsoft. Si vous maîtrisez Word, vous devriez y arriver sans problème, mais il faut quand même prévoir un temps d'apprentissage.

Un blog est un peu comme un marathon. C'est une course de fond. Il faut tenir dans la durée. Vous avez peut-être l'âme d'un auteur, mais si vous publiez des billets pendant trois mois pour ensuite laissez votre blog à l'abandon, cela ne renverra pas une bonne image de vous : manque de persévérance, personne velléitaire, etc.

Un blog peut vous aider, mais il peut aussi vous créer des problèmes, voire se retourner contre vous :

- ce que vous publiez ne plaît pas aux lecteurs ;
- vos billets sont dans un style peu lisible, qui laisse penser que vous ne savez pas vous exprimer clairement à l'écrit ;
- vous allez vite et générez des erreurs de frappe, des fautes d'orthographe ou pire des fautes de grammaire. Vous renvoyez l'image d'une personne qui manque de rigueur dans son travail ;
- vous ne vérifiez pas vos sources, vous vous appuyez sur des faits erronés. Vos lecteurs vous attaquent dans les commentaires ;
- vous tenez sur une personne des propos que vous ne lui diriez pas en face et cela crée un conflit public ;
- vous faites la promotion d'un service sans mentionner un conflit d'intérêt, vous sollicitez un allié pour faire un

commentaire positif sur votre billet : si vous êtes démasqué, vous perdez votre crédibilité ;

- vous divulguez des informations confidentielles.

Un blog apporte toujours une forte valeur ajoutée à votre identité professionnelle mais c'est une valeur proportionnelle à la valeur du contenu que vous y publiez... dans la durée.

Vous n'avez donc qu'une seule option : gérer votre blog avec professionnalisme comme dans votre travail quotidien. Par ailleurs, votre blog est un support parmi d'autres pour votre ligne éditoriale. Il est important de rester centré sur votre ligne éditoriale, bien que ce type de support vous donne une grande liberté d'expression pour un coût de publication quasi nul. La tentation est grande de partir tous azimuts.

L'audience de votre blog ne décolle pas depuis plusieurs mois : que faire ?

Votre audience ne décolle pas : c'est normal ! Il faut des mois avant de conquérir un public. En tant que blogueur, nous nous retrouvons dans la même problématique que n'importe quel journal : produire un contenu de qualité, différent de la concurrence, ciblé sur un public particulier et pouvoir durer dans le temps pour que le bouche à oreille fasse son effet.

Il faut donc être patient. Envoyer un e-mail à votre réseau actuel ou demander à des journalistes de faire la promotion de votre blog risque de donner peu de résultats. Les journalistes ne parlent que des blogueurs connus et reconnus. À moins d'avoir des amis dans le métier, ils ne vous aideront pas à vous lancer.

Il est donc important de faire vous-même la promotion de votre blog à chaque fois que c'est possible. Par exemple dans une rencontre, une soirée, une conférence, dans vos profils en ligne ou dans les commentaires que vous faites sur d'autres blogs. Les blogueurs sont la principale audience des autres blogueurs. Il faut être dans la blogosphère pour faire décoller votre blog et rayonner à l'extérieur de la blogosphère.

Après chaque rencontre, pensez à donner l'adresse de votre blog à la personne avec qui vous étiez en lui montrant l'intérêt que cela peut avoir pour elle compte tenu de son métier, expertise, etc. Parlez de votre dernier billet et suggérez à votre interlocuteur de publier par écrit un commentaire, surtout s'il vous en a déjà donné un verbal pendant la rencontre. Pour augmenter vos chances qu'il prenne le temps de publier ce commentaire, aidez-le. Formalisez le témoignage avec lui en temps réel, vous le saisissez (le texte… pas votre contact) et lui envoyez pour validation avec le lien pour publication.

Après avoir écrit un billet, listez les personnes que cela peut intéresser. Préparez un e-mail avec un lien vers ce billet et faites un envoi très ciblé à quelques personnes de votre entourage en expliquant pourquoi vous pensez qu'ils seront intéressés par le contenu de votre billet.

Cependant, il faut bien comprendre que la blogosphère devient de plus en plus saturée. Presque tout le monde ouvre son blog parce qu'il y a actuellement une forte pression sociale pour le faire… et ce livre ne va pas arranger les choses ! Mais seuls les premiers arrivants ont une grande audience. Ils ont aujourd'hui un lectorat nombreux et fidèle. Face à leurs centaines ou milliers de lecteurs, préparez-vous à commencer modestement avec une dizaine et célébrer la première centaine comme une grande victoire !

Attention au système que vous utilisez pour les statistiques de visite de votre blog. Les mauvais systèmes comptent les visites des robots des moteurs de recherche et ils ont tendance à multiplier par 10 le nombre réel de vos visiteurs (c'est-à-dire vos vrais lecteurs). Vous pouvez utiliser FeedBurner (*www.feedburner.com*) pour connaître vos statistiques de visite, MyBlogLog dont nous avons déjà parlé ou Google Analytics. FeedBurner permet aussi à vos lecteurs de s'abonner à votre blog par e-mail ou par flux RSS.

En résumé, créer un blog et y drainer une audience significative sera une entreprise difficile. Mais, si vous êtes persévérant, si vous avez vraiment le goût pour écrire et pour lire, si vous êtes actif sur votre référencement, si vous restez sur votre ligne éditoriale et enfin si vous apportez à intervalle régulier à la fois de la qualité, de l'originalité et de la quantité, vous réussirez !

En route pour le micro-blogging !

Le blogging est trop lourd ? Vous n'avez pas l'âme d'un auteur ? Vous n'avez pas le temps ? Alors essayez le micro-blogging, un service de plus en plus populaire. Le leader du marché est Twitter (*www.twitter.com*). Le micro-blogging permet de publier des micro-billets en répondant à cette simple question « Que faites-vous ? » (« *What are you doing*? »). Les billets sont « micro » parce qu'ils sont limités à cent quarante caractères.

Ce système est bien connu des geeks (personnes passionnées d'informatique et de high-tech), un peu moins du grand public. Il permet d'informer notre communauté sur ce que nous faisons, de poser des questions pour trouver des informations ou des solutions à un problème. Les membres de votre communauté sont des *followers*, c'est-à-dire des suiveurs dans le sens où ils suivent ce que vous faites à chaque fois que vous mettez à jour votre flux d'activités en répondant à la question « Que faites-vous ? ».

Twitter permet d'envoyer des messages sans passer par l'e-mail ou le SMS. Votre micro-billet de cent quarante signes est lu uniquement par ceux qui sont disponibles pour le lire. On pourrait dire qu'il s'agit d'un système de communication social permanent et non intrusif.

Avant d'ouvrir un compte sur Twitter, vérifiez que votre audience s'y trouve aussi. Si votre audience ne connaît pas ce système et n'a pas l'intention de l'utiliser, cela ne vous aidera pas à promouvoir votre marque personnelle. Vous risquez de perdre votre temps.

Vous pouvez aussi essayer ces services :

- **Jaiku** (*www.jaiku.com*) est un service comparable à Twitter. Il appartient à Google.
- **Seesmic** (*www.seesmic.com*) est un système de micro-blogging vidéo lancé par Loïc Le Meur. C'est un service très intéressant si vous préférez vous exprimer devant la caméra plutôt que d'écrire un texte. Cela la rend la communication plus humaine, plus visuelle !
- **Tumblr** (*www.tumblr.com*) est similaire à Twitter mais il ne limite pas le nombre de caractère à cent quarante et permet de publier non seulement du texte mais aussi des images, de la vidéo ou des citations.
- **Yammer** (*www.yammer.com*) est un système de micro-blogging pour les entreprises. On ne peut s'adresser qu'aux salariés de l'entreprise dont on fait partie. Un espace entreprise est créé à partir du moment où un employé s'inscrit. Yammer lui propose ensuite d'inviter ses collègues, collaborateurs, managers,... Le contrôle se fait sur le nom de domaine de l'e-mail (il faut utiliser son e-mail professionnel pour s'inscrire).

  Les services de micro-blogging comme Twitter, Jaiku, Seesmic, Tumblr peuvent être complémentaires des systèmes intégrés dans les réseaux sociaux (Status Updates). Il s'agit de la mise à jour de votre statut (*cf.* flux d'activités) :

- **Linkedin** Status Updates ;
- **Facebook** Status Updates.

Grâce à HelloTxt (*www.hellotxt.com*), vous pouvez mettre à jour votre statut sur l'ensemble de ces services en une seule opération. Très pratique !

Quantité et qualité sont dans un bateau, qui tombera à l'eau le premier ?

Il y a différents types de blogs. Ceux qui ne traitent que d'éléments factuels et ceux qui proposent principalement des analyses approfondies. Quel que soit le format de votre blog, la quantité est importante… autant que la qualité et l'originalité.

Si votre objectif est d'être connu et reconnu comme un expert, si vous souhaitez faire la promotion de votre identité professionnelle, votre blog ne peut pas être uniquement une annexe de l'AFP : « Tel livre vient de sortir, il y a 236 pages et la couverture est superbe. »

Pour fidéliser votre lectorat et pour l'augmenter, il faut être différent et pertinent. Beaucoup de vos lecteurs sont des blogueurs. Quand ils apprécient un billet, ils en parlent sur leur blog et font un lien vers votre billet. Une partie de leur audience vient sur votre blog et si ces personnes apprécient effectivement elles aussi votre billet, cela va augmenter votre propre audience. Mais cela ne fonctionne pas comme un sablier. Le blogueur qui parle de vous ne perd pas son propre lectorat. Au contraire, il le fidélise en lui montrant qu'il sait soit produire lui-même, soit trouver un contenu différent et pertinent dans la masse des informations disponibles. C'est un jeu gagnant/gagnant pour les deux blogueurs.

Inversement, si vous jouez en vase clos et que vos lecteurs découvrent des bons contenus ailleurs, vous finirez par les perdre. Votre but est finalement d'être le trouveur de bons contenus avant les autres et d'être capable d'y ajouter votre touche personnelle pour que cela ne soit pas seulement un lien à cliquer ou du copier-coller.

Certains blogueurs sont convaincus qu'il faut alimenter régulièrement leurs blogs (au moins une fois par jour ou par semaine) sinon les lecteurs vont partir. Certains avouent même que 70 % de leurs contenus sont moyens. Mais, en contrepartie de cette médiocrité, ils arrivent à publier un billet tous les jours ou presque. C'est probablement une erreur. Lire prend du temps et quand nous lisons quelque chose de peu intéressant, nous finissons par ne plus lire. C'est pareil pour les journaux, alors pourquoi cela serait-il différent pour un blog. Avec la croissance énorme du nombre de contenus publics et gratuits, il vaut mieux miser sur un contenu de qualité que l'on publie une fois par mois par exemple. Un bon billet par mois vaut bien mieux qu'un moyen tous les jours.

Pour être visible, il faut aussi apporter de l'originalité, de la nouveauté et pas uniquement de l'actualité. Il faut cibler des niches, se spécialiser, que ce soit sur le contenu (plus pointu), sur l'approche (originale), sur le style (humoristique) ou le format (vidéo). Ce qu'il faut, c'est être différent. Mais n'oubliez pas pour autant votre ligne éditoriale.

Soignez également les titres de vos billets comme les journalistes soignent ceux de leur article : accrocheur… mais pas racoleur !

Enfin, dans votre façon d'écrire, dans votre contenu, il vaut mieux être soi, assumer ce que vous êtes, être authentique, plutôt que la représentation de ce que l'on imagine que les autres attendent de vous ! Être authentique, c'est par exemple reconnaître que l'on ne sait pas tout et surtout *citer ses sources*. Avec les systèmes d'alerte dont on parlera plus loin dans ce livre, vous serez très vite repéré par l'auteur et il ne se privera pas d'un commentaire destructeur pour votre réputation sur votre blog et sur le sien. De nombreuses personnes se font prendre chaque mois, n'ajoutez pas votre nom à la liste.

Comment écrire un commentaire de qualité ?

Voici quelques points de repère :

- du respect même si vous n'êtes pas d'accord (politesse) ;
- des opinions (jugements de valeur) qui sont étayées par des faits (observables, quantifiables) et par des arguments ;

- allez au-delà du « Je suis d'accord » ou « Bravo, excellent billet » ;
- abordez des sujets connexes pour élargir la discussion tout en restant centré sur le thème du billet ;
- écoutez avant de parler ! Si vous avez l'intention de publier un commentaire après avoir lu un billet, il faut lire tous les commentaires déjà publiés, sinon vous renverrez une mauvaise image : seule votre opinion compte, pas de respect pour ce que les autres écrivent, Monsieur je sais tout, aucune écoute, etc. ;
- citez vos sources même dans un commentaire.

En général, les commentaires sont lus dans les huit jours après la publication d'un billet, parfois c'est vingt-quatre à quarante-huit heures. Si vous voulez être connu des lecteurs d'un autre blog, il faut commenter rapidement.

L'alternative au blog : le journalisme citoyen

Le journalisme citoyen s'inscrit dans la philosophie des blogs (liberté d'expression, publication ouverte à tous, discussion autour des contenus), mais propose de présenter les contenus sous forme d'un journal. Il s'agit bien sûr d'un journal en ligne et permanent (pas de numéros d'éditions, seulement des mises à jour de diverses rubriques).

C'est une alternative intéressante pour ceux qui n'ont pas l'âme d'un auteur, pas le temps de lire, d'écrire ou de commenter. Il suffit d'écrire un article et de le proposer au comité de rédaction.

Le journalisme citoyen est aussi très intéressant pour les blogueurs car ils peuvent republier un billet déjà publié dans leur blog et lui donner un effet levier en termes d'audience.

Un journal citoyen est donc un site sur Internet qui propose des contenus le plus souvent sous forme d'actualités publiées par des rédacteurs volontaires. C'est un journal réalisé par des « non-journalistes ». Chaque personne est libre de son article dans le respect d'un certain nombre de règles définies par les administrateurs du journal (le comité de rédaction). Voici les principaux sites de journalisme citoyen par ordre alphabétique :

- **Agoravox** (*www.agoravox.fr*) a été créé par Carlo Revelli et Joël de Rosnay fin 2005. Certains articles publiés sur Agoravox sont repris dans la rubrique « blogs/éditos » de Yahoo Actualités France qui a classé Agoravox comme blog partenaire ;
- **CentPapiers** (*www.centpapiers.com*) est un média libre et citoyen du Québec. C'est un journal participatif sur lequel le citoyen peut partager l'information comme bon lui semble ;
- **Indymédia** (*www.indymedia.org*), pour Independent Media Center, est un média alternatif d'origine américaine. Pour en savoir plus : *http://fr.wikipedia.org/wiki/Indymédia* ;
- **iReport** (*www.ireport.com*) a été conçu par CNN qui a choisi d'encourager plutôt que de combattre le journalisme citoyen. iReport permet à n'importe qui de publier des articles ou des vidéos sous le titre « news non éditées non filtrées ». Certaines de ces nouvelles parviennent même jusqu'au site de CNN. Les articles proposés par les utilisateurs ne sont ni édités (relus), ni vérifiés au niveau des faits, ni filtrés par CNN avant d'être publiés ;
- **OhmyNews** (*www.ohmynews.com*) est une société coréenne d'édition créée en 2000. Son président est Oh Yeon-ho. Pour en savoir plus : *http://fr.wikipedia.org/wiki/OhmyNews* ;
- **WikiNews** (*http://fr.wikinews.org/wiki/Accueil*) est un recueil de dépêches et de reportages d'actualité entièrement écrit par ses utilisateurs. Pour en savoir plus : *http://fr.wikinews.org/wiki/Wikinews:Ce_qu'est_Wikinews* ;

Les sites d'information participatifs : à la frontière du journalisme citoyen

- **lePost** (*www.lepost.fr*) est un site d'information participatif, filiale du journal *Le Monde*. Ce site revendique 1,6 million de visiteurs uniques (novembre 2008) ;
- **Rue89** (*www.rue89.com*) est un site d'information qui accepte des propositions d'articles dans la zone « La rue est à vous » en haut à gauche de l'écran de la page d'accueil ;
- **MediaPart** (*www.mediapart.fr*) est un journal doublé d'un club. En souvenir de ces clubs révolutionnaires, de celui des Cordeliers à celui des Jacobins, le club de MediaPart entend s'inscrire dans la tradition des clubs où fut énoncé et discuté l'idéal démocratique. Les abonnés du journal peuvent donc proposer des articles dans le cadre de la charte éditoriale de MediaPart.

Visitez ces sites avant de publier votre article. Il faut vous assurer que l'image de marque de ces médias est en cohérence avec votre identité professionnelle et votre ligne éditoriale. Tous les sites présentés n'autorisent pas la publication d'articles en français.

Écrire de temps en temps un article dans un journal citoyen demande moins de travail que de gérer un blog pendant des années. Pour un blogueur, l'objectif est de diffuser un même contenu sur plusieurs supports (*cf.* la liste de vos supports créée au début de ce chapitre) : blog, journaux citoyens, *newsletter*, liste de diffusion, presse professionnelle, etc. Le plus souvent, vous n'aurez que des ajustements mineurs à faire pour coller à l'audience spécifique de chaque support. Voilà une bonne façon d'optimiser votre temps d'écriture !

Beaucoup de lecteurs de ces journaux sont des passionnés, souvent socialement engagés. Ils sont très actifs dans les commentaires et parfois très durs. Préparez-vous à des commentaires sans complaisance et, en conséquence, blindez votre article ! Faites-le relire par plusieurs personnes comme si vous alliez le lire au journal de 20 heures.

Transformer votre blog en livre

Vous avez publié des centaines de billets. Il y a beaucoup de contenus qui pourraient utilement être organisés sous forme de livre. Reprenez les titres de vos billets et cherchez un plan, une façon de les regrouper, de les organiser pour en faire un livre.

Vous avez repéré des blogueurs sur le même sujet que vous, pourquoi ne pas leur proposer une alliance pour écrire un livre ensemble ? À plusieurs, la charge de travail peut devenir acceptable.

Si un blog est un outil important pour votre marque personnelle, un livre aura un impact encore plus fort. Avec votre blog, vous touchez principalement la blogosphère (sauf si votre blog est cité dans la presse). Avec un livre, vous touchez le grand public, et surtout les entreprises.

Pour publier votre livre, vous avez trois options :

- auto-publier sous forme d'un e-book : l'avantage est que vous pouvez toucher un large public du fait de la gratuité et de la possibilité de référencer ce livre dans les moteurs de recherche. L'inconvénient est que vous n'avez pas la caution morale d'un éditeur. Votre audience risque de ne pas prendre le temps de vous lire. Vous serez probablement lu par des personnes en dehors de votre cible. Comme c'est gratuit, beaucoup téléchargent, combien lisent ?
  Lulu (*www.lulu.com*) est un service qui vous permet d'imprimer votre e-book au format de votre choix. Le livre est imprimé uniquement à l'unité lorsqu'il y a une commande. Les frais d'impression sont bien sûr à votre charge.
- publier chez un éditeur peu connu : l'avantage est que vous disposez d'une version papier que vous pouvez remettre à

vos contacts sous forme de cadeau. Un éditeur peu connu ne peut pas prétendre à de grands auteurs, vous avez vos chances. Vous avez la caution morale d'un éditeur qui met en jeu sa réputation sur vos écrits. Cela vous rend plus crédible. L'inconvénient est que la diffusion sera limitée, parfois aléatoire (ouvrage indisponible), le tirage faible et les ventes ne suivront pas forcément.

- publier chez un éditeur important ou connu du public : l'avantage est que vous allez accéder aux grands médias lors de la sortie de votre livre. L'éditeur vous garantit une campagne de lancement professionnelle. Sa caution morale est plus forte, proportionnelle à la notoriété de la maison d'édition. L'inconvénient est que les éditeurs connus reçoivent en moyenne plusieurs milliers d'ouvrages par mois et qu'ils en sélectionnent environ dix. Vous n'aurez probablement jamais de réponse ni écrite, ni orale si vous n'êtes pas sélectionné. Le mieux est d'être introduit par un auteur déjà publié par cet éditeur si vous voulez au moins avoir une réponse à votre proposition de livre… même négative.

En cas d'échec, faites comme les commerciaux. On vous ferme la porte au nez, vous rentrez par la fenêtre avec une nouvelle stratégie.

Enfin, si vous n'avez pas le temps de transformer votre blog en livre, alors publiez simplement votre blog ! Quelques services permettent d'imprimer son blog au format d'un livre comme ImprimeBlog (*www.imprimeblog.com*) qui propose ce service à partir 35 euros.

Chapitre 12

Identité personnelle *versus* identité professionnelle

Nous avons vu dans cette deuxième partie du livre deux types d'identité : personnelle et professionnelle. Sur Internet, il est important de *protéger* son identité *personnelle* (données personnelles) et de *promouvoir* son identité *professionnelle* (prénom, nom, aptitudes métier, compétences et qualités).

Pourquoi faut-il protéger votre identité personnelle ?

Votre identité personnelle n'est pas uniquement composée de votre prénom et de votre nom. Elle concerne aussi les informations suivantes :

- adresse privée ;
- date de naissance ;
- téléphone privé ;
- e-mail personnel ;
- identifiant/mot de passe ;
- numéro de sécurité sociale/assurance sociale ;
- nom de jeune fille ;

- identifiant pour les impôts ;
- numéro de permis de conduire ;
- numéro de carte de crédit ;
- etc.

Grâce aux moteurs de recherche, il est très facile d'agréger les données qui sont dispersées sur plusieurs sites. Certaines informations sont disponibles sur votre profil public Plaxo, MySpace, Facebook ou LinkedIn, etc. On peut trouver votre date de naissance ou vos coordonnées sur les réseaux sociaux, mais aussi sur des services comme Skype par exemple.

Or l'agrégation de vos données personnelles est une porte ouverte au *vol d'identité*. Un crime en pleine expansion en France et qui touche déjà des millions d'Américains et de Canadiens chaque année. Avec des informations comme votre nom, votre adresse et votre date de naissance, voici ce qu'il est possible de faire selon les pays :

- ouvrir un compte bancaire à votre nom pour contracter des emprunts, faire des chèques sans provision, demander des cartes de crédit ;
- acheter des véhicules, voyager ;
- ouvrir des lignes téléphoniques ;
- créer de faux papiers d'identité ou des passeports ;
- organiser un mariage blanc en votre nom ;
- etc.

Grâce aux informations disponibles sur votre identité personnelle, on peut aussi essayer de deviner votre mot de passe ou trouver des réponses aux questions secrètes qui servent à sécuriser l'accès aux sites bancaires ou administratifs.

Nul besoin de pirater votre ordinateur. Tout cela est possible en regroupant les informations que vous avez rendues publiques sur différents services en ligne ou qui ont été rendues publiques par d'autres.

Voici un extrait du journal *Le Figaro* en guise d'illustration :

> « Subtiliser l'identité d'un tiers peut se révéler d'une facilité enfantine. Il suffit de connaître le nom, la date de naissance et la localité de naissance. Des informations qui peuvent être récupérées notamment dans les boîtes aux lettres. "Ensuite, le fraudeur va faire une demande par courrier à la mairie de naissance de la victime pour obtenir un acte de naissance authentique, indique Vincent Lafon, responsable du Bureau de la fraude documentaire de la Police aux frontières, la plupart des mairies ne demandant pas plus de détails." Une fois ce document en main, le contrevenant déclare la perte où le vol de l'ensemble de ses papiers dans un commissariat de police. Muni de l'acte de naissance, la déclaration de vol et quelques factures d'EDF falsifiées, il lui sera facile d'obtenir passeport, permis et carte d'identité... avec la photo de son choix. Cette opération peut alors être reproduite dans plusieurs préfectures » (*source* : *Le Figaro*, art. de M.-Ch. Tabet, 15 octobre 2007 – lire l'article complet en ligne : *Http://www.lefigaro.fr/france/20070330.FIG000000081_vol_d_identite_le_cauchemar_des_victimes.html*).

Autre exemple d'usurpation d'identité avec Frédéric Cavazza, un célèbre blogueur :

http://www.fredcavazza.net/2008/05/27/usurpation-didentite-un-faux-fred-cavazza-dans-la-nature/ (27 mai 2008).

Pour protéger votre identité personnelle, voici deux règles très simples :

- *règle 1* : ne mettez pas votre adresse personnelle sur des profils publics. Quelqu'un pourrait ensuite vous rendre visite à votre domicile pour fouiller vos poubelles ou votre boîte aux lettres afin d'obtenir les informations qui lui manquent pour voler votre identité. Par contre, vous pouvez donner votre adresse dans le cadre de transactions privées et sécurisées, par exemple pour une livraison via un site de e-commerce (Amazon, Fnac.com) ;

- *règle 2* : ne mettez pas votre date de naissance ou lieu de naissance sur Internet. Certains services permettent de masquer votre date de naissance sur votre profil public ou de définir qui peut y avoir accès. Mais, il existe toujours un risque de piratage des bases de données ou de votre identifiant/mot de passe. Certains services rendent obligatoire le champ « date de naissance » pour interdire l'accès aux mineurs ou pour permettre à vos amis de vous souhaiter un joyeux anniversaire. Mais en fait, votre date de naissance est surtout intéressante pour pouvoir vous envoyer des publicités ciblées en fonction de votre âge. Si le champ date de naissance est obligatoire, indiquez une date de naissance bidon type 1er janvier 1910 pour être sûr que vos amis comprennent que ce n'est pas votre anniversaire ! De toute façon, vos vrais amis connaissent votre vraie date de naissance.

Il est également préférable de ne pas mentionner vos seconds prénoms. Protéger votre identité personnelle sur Internet, c'est simplement faire preuve de bon sens… numérique !

L'indispensable promotion de votre identité professionnelle

S'il faut dissimuler votre date de naissance et votre adresse, il est, par contre, important que l'on trouve vos prénom et nom dans les résultats d'une requête dans un moteur de recherche. Mais, après avoir lu la première partie de ce chapitre, tétanisé par la peur du vol d'identité, vous pourriez être tenté par l'anonymat total, l'invisibilité absolue :

- absence de profil ou biographie en ligne indiquant vos compétences ou des éléments de votre parcours professionnel ;
- utilisation d'un pseudonyme pour participer à des forums, des blogs ou réseaux.

Si c'est votre choix, alors essayez de répondre à ces questions : comment réagira un recruteur ou un prospect qui ne trouve aucune information sur vous ? vos homonymes (même prénom et nom que vous) occupent l'espace que vous avez laissé vide, quelles en seront les conséquences pour vous ? comment sera interprétée votre invisibilité par votre entourage social ou professionnel ?

Tout comme dans la vie, nous avons dans notre vie numérique une sphère personnelle et une sphère professionnelle. Dans nos activités personnelles, il peut être utile d'être anonyme. Écrire anonymement permet par exemple de s'exprimer librement sur des questions sensibles : politique, religion, etc. L'anonymat permet aussi de dissimuler son identité lorsque nous utilisons des sites de rencontres ou simplement pour cultiver notre jardin secret.

Mais, à moins d'être retraité, d'avoir la sécurité de l'emploi à vie (fonctionnaires, etc.) ou d'exercer un métier dans lequel votre identité n'est pas un enjeu, il est indispensable d'avoir une identité numérique professionnelle. La porte d'entrée principale vers votre identité est « Votre prénom + Votre nom » visibles dans les résultats des moteurs de recherche.

Si vous n'avez pas d'identité numérique alors vous n'avez pas non plus de réputation numérique. Or, comme nous l'avons déjà dit, le pire qui puisse vous arriver sur Internet n'est pas de laisser des traces dangereuses pour votre identité ou négatives pour votre réputation à travers un blog ou un forum. Le pire serait que l'on ne trouve aucune trace de vous, que vous n'ayez pas de réputation numérique.

En effet, 77 % des recruteurs américains effectuent des recherches en ligne sur les candidats. 7 % de toutes les requêtes effectuées sur les moteurs de recherche se font sur le nom d'une personne. Les recruteurs français en sont loin, mais ils y viendront. On appelle cela le *name-googling* ou *people search*.

Cette absence d'identité numérique professionnelle *pourrait être interprétée* de la manière suivante :

- manque de transparence ;
- refus de partager l'information ;
- personne qui n'a rien à dire ;
- technophobie ;
- aversion pour le risque.

Bien sûr, un recruteur pourrait ne pas faire cette interprétation et considérer simplement votre invisibilité sur Internet comme neutre, sans importance, insignifiante. Mais si vous êtes le seul à être invisible sur dix candidats, comment réagira-t-il ? Que feriez-vous à sa place ? Nous entrons dans le domaine de la gestion des risques. Il est important d'évaluer vos risques : forts ou faibles ? Vous êtes le seul à le savoir.

Votre identité professionnelle sur Internet renvoie indirectement à une image de marque : sens du risque, esprit d'initiative, capacité à partager l'information, à exprimer des idées ou à utiliser les technologies de l'information qui sont aujourd'hui au cœur de la performance des organisations. Entre un candidat dont on peut évaluer facilement la réputation professionnelle et un autre pour lequel c'est plus difficile, un jour viendra où le choix sera vite fait. Promouvoir son identité numérique professionnelle est donc utile pour :

- chercher un emploi ;
- proposer des services (consultants, freelance, etc.) ;
- valoriser votre expertise ;
- gérer votre carrière ;
- gérer votre marque personnelle.

Par ailleurs, vous avez peut-être des homonymes. En devenant invisible sur Internet, vous laissez vos homonymes occuper l'espace que vous avez laissé vide. Un consultant énervé de voir ses clients lui demander depuis quand il faisait de la peinture, a fini par découvrir sur Google un homonyme artiste peintre.

Rien de bien grave, et même plutôt amusant comme exemple, mais si votre homonyme est lui-même consultant et qu'il intervient dans le même domaine que vous, alors il y a un gros risque que *sa réputation devienne la vôtre* !

Notre vie numérique est faite de dangers et d'opportunités comme dans notre vraie vie ! Ni plus, ni moins. Internet est un espace qui impose un code de conduite pour éviter le vol d'identité. C'est aussi un espace qui permet aux professionnels de sortir de l'anonymat et de se différencier efficacement.

Êtes-vous une personne à risque en termes de vol d'identité ?

Voler l'identité d'une personne n'est pas une fin en soi, mais un moyen d'atteindre un objectif qui n'a rien à voir avec l'identité elle-même. Personne ne cherche à avoir plusieurs identités et ceux qui en ont réellement plusieurs souffrent de différentes maladies mentales. Le vol d'identité est un moyen pour :

- voler de l'argent ou des biens ;
- utiliser la notoriété d'une personne connue, d'une célébrité à son profit : pour se faire connaître (cas du mégalo qui compense sa frustration d'être un inconnu) ou faire de l'argent en créant du trafic sur une page web remplie de publicités (parasitisme) ;
- nuire à autrui : vengeance, règlement de compte.

Face au vol d'identité, la question importante est : suis-je une personne à risque ? si oui, faut-il agir *a priori* ou *a posteriori* ?

Si vous n'avez pas d'argent, que vous n'êtes pas connu et que vous n'avez pas d'ennemis : vous n'êtes pas une personne à risque ! Cela dit, nous avons tous un peu d'argent. Les banques ont bien compris qu'il fallait agir *a priori* pour préserver l'identité de leurs clients en ligne. Elles dépensent donc des sommes importantes pour garantir cette sécurité.

Pour les questions de notoriété ou de vengeance, on ne voit pas bien l'intérêt d'agir *a priori*. L'usurpation d'identité est un délit. Il y a une police et une justice pour condamner les coupables. Peu de gens sont prêts à risquer une condamnation juste pour quelques semaines de célébrité ou pour une simple vengeance. Comment savoir si un jour une personne cherchera à nous nuire ? Et si nous bloquons cette personne sur Internet, elle trouvera un autre moyen. Mieux vaut d'ailleurs être attaqué sur Internet que dans la rue !

Votre priorité absolue pour gérer votre identité, si vous n'êtes pas connu, c'est de protéger vos données financières avec la plus grande rigueur.

Pour aller plus loin sur la question du vol d'identité, voici quelques lectures complémentaires par ordre de pertinence :

- un site gouvernemental : quelles sont les informations que les voleurs d'identité cherchent et comment ils obtiennent ces informations ? Lien : *http://www.gov.on.ca/MGS/fr/ConsProt/050438.html* ;
- l'usurpation d'identité (Wikipédia) : un article sous forme de guide pratique qui explique les techniques de vol d'identité. Lien : *http://fr.wikipedia.org/wiki/Usurpation_d'identité* ;
- l'ABC du vol d'identité (source canadienne gouvernementale). Lien : *http://www.privcom.gc.ca/id/primer_f.asp* ;
- Identity Theft Resource Center - Une ONG spécialisée sur la compréhension et la prévention du vol d'identité. Lien : *http://www.idtheftcenter.org/*

Partie 3

Mieux vous faire reconnaître – Gérer votre réputation professionnelle

« La réputation est un outil pour prédire
les comportements en se fondant
sur les actions passées et les traits de caractères »,

**Roger Dingledine, Michael J. Freedman, David Molnar,
David Parkes, Paul Syverson, avril, 2003.**

La deuxième partie nous a permis de présenter différentes techniques pour apprendre à mieux se faire connaître, aussi bien dans le monde physique que sur Internet. Nous allons maintenant voir comment mieux vous faire reconnaître.

Qu'est-ce que la réputation ?

La *confiance* que votre entourage vous accorde, se mesure par ce que l'on appelle la réputation. Le mot « réputation » vient du latin *reputatio* qui signifie « évaluation ». *La réputation est donc une évaluation sociale*, une mesure de la confiance que vous inspirez aux autres, ou plus simplement l'opinion d'une ou plusieurs personnes sur une autre. Une opinion est un jugement de valeur. Elle a une dimension subjective. Parfois elle repose sur des faits observables et indiscutables. Parfois il s'agit de rumeurs, de préjugés, voire de mensonges visant à détruire un rival.

L'évaluation porte sur une personne, un groupe de personnes (une communauté), une organisation (une entreprise), un produit ou une marque. Il existe dans certaines entreprises des entités ou des personnes qui s'occupent à temps plein de gérer la réputation de leur organisation. Leur rôle grandit au fur et à mesure que se développent les sites de feed-back type ePinions, Tripadvisor, ainsi que les forums de discussion et surtout la blogosphère.

La réputation est un mécanisme très ancien de contrôle social dans la mesure où chacun de nous cherche à avoir la meilleure réputation possible (consciemment ou inconsciemment). Cela pousse donc en théorie à adopter des comportements socialement acceptables. Par exemple, dire la vérité vaut mieux qu'avoir la réputation d'être un menteur !

Nous avons tous une réputation, qu'on le veuille ou non. Notre réputation se fait principalement à l'oral. Et chacun sait que les paroles s'envolent… Pour ceux qui ont une mauvaise réputation, il est possible de se refaire une réputation en changeant de ville ou d'entreprise. Pour ceux qui ont une bonne réputation, il faut sans cesse repartir de zéro en cas de mobilité. Mais aujourd'hui, nos interactions sociales se font de plus en plus à l'écrit via Internet. Si les paroles s'envolent, les écrits restent.

Internet change la donne. L'écrit devient important. Quand un blogueur ou une personne sur un forum de discussion fait un mauvais feed-back sur une personne ou une entreprise, son commentaire est non seulement figé pour l'éternité, mais il est accessible partout sur la planète pour n'importe qui. D'une certaine manière, on peut dire que notre réputation est maintenant mondiale et publique, qu'on le veuille ou non.

Les « technophobes » ou *digital immigrants* peuvent bien faire la politique de l'autruche en ignorant cet espace. Cependant, savent-ils ce que l'on y dit sur eux ? Que font-ils pour donner leur version des faits ? Probablement rien… pour l'instant !

Votre réputation est fonction de vos actions. Parfois, vous agissez bien, parfois vous êtes incompétent, maladroit. Il est important qu'Internet ne focalise pas l'attention sur vos échecs en laissant de côté vos réussites. Internet peut donc devenir à la fois une chance pour certains et un enfer pour d'autres. L'amateurisme n'est plus possible. Il est important de savoir ce qui se dit sur vous. Il vaut mieux gérer votre réputation sur Internet plutôt que de laisser quelqu'un d'autre s'en occuper à votre place.

Comme nous l'avons dit au début de ce livre, votre identité professionnelle est ce que vous dites de vous tandis que votre réputation professionnelle est ce que les autres disent de vous. Certains disent que Google est le nouveau format du CV parce que Google est en quelque sorte la représentation combinée de notre identité et de notre réputation professionnelles. Pour vous, en tant que professionnel, Google est maintenant un cheval sauvage, incontrôlable, qu'il va falloir apprivoiser parce que votre réputation est votre bien le plus précieux. Elle influence directement votre carrière professionnelle et votre salaire.

Votre réputation commence dans votre sphère sociale avec, par exemple, ce que vous écrivez sur le « Wall » d'un ami sur Facebook : texte truffé de fautes, incompréhensible, limite vulgaire, qui cherche en vain à faire rire… Vous pensiez que cela ne prêtait pas à conséquence ? Peut-être que oui, peut-être que non car vous ne connaissez pas tous les amis de vos amis, vous ne pouvez pas évaluer le réel impact de vos écrits parce que vous ne savez pas vraiment qui lira ce que vous écrivez, ce que ces personnes interpréteront et surtout ce qu'elles en feront : duplication, diffusion ?

Bien sûr, il ne faut pas vivre dans la peur. Vivre c'est prendre des risques ! Il y a probablement 99 % de chances que vos publications sur les « Wall » de vos amis n'aient aucun impact sur votre réputation. Mais gardez à l'esprit qu'il existe un risque.

Cette partie vous donnera donc quelques pistes pour gérer votre réputation. Gérer sa réputation c'est :

- construire sa réputation professionnelle (montrer ce que l'on dit de vous en particulier grâce à vos références) ;
- surveiller sa réputation (savoir ce que l'on dit de vous) ;
- défendre sa réputation (savoir répondre aux atteintes à votre image de marque et aux attaques injustifiées ; masquer ou effacer les traces négatives pour votre réputation).

Chapitre 13

Comment construire votre réputation professionnelle[1] ?

Les systèmes de gestion de la réputation propres à chaque site de e-commerce (eBay, PriceMinister...) aident les vendeurs et les acheteurs à mieux se faire reconnaître en tant que « bon vendeur » (qui livre dans les délais le produit commandé) ou « bon acheteur » (qui paye ce qu'il a commandé).

Les freelances disposent de nombreux sites spécialisés pour les mettre en relation avec des clients. Par exemple, sur Odesk, espace dédié aux informaticiens, chaque mission est évaluée sur plusieurs dimensions avec un système d'étoiles (1 à 5). Cela permet une évaluation de la réputation des freelances.

Mais, en dehors de ces cas particuliers, comment évaluer la réputation d'un professionnel ? Depuis bien longtemps, les recruteurs et employeurs mais aussi les prospects et acheteurs de prestations évaluent la réputation d'un professionnel à partir de ses *références* et de leurs *recommandations* (orales ou écrites du type lettre de recommandation). Après un entretien, ces deux éléments permettent à un recruteur ou un prospect de

1. Ce chapitre a été écrit grâce aux contributions de Guy Djandji, Alexandra Thusy, Jean-Michel Putto (président de GN conseil en développement stratégique), Valentine Baud et Florent Lafarge. Un grand merci pour leur aide.

valider son ressenti vis-à-vis d'un candidat ou d'un freelance et d'approfondir des aspects de son parcours ou de sa personnalité.

Qu'est-ce qu'une référence ? *Une référence est une personne avec qui vous avez réalisé une ou plusieurs actions avec succès* soit ponctuellement (sur un projet), soit dans la durée (mois, années). Il ne suffit pas de travailler avec quelqu'un pour qu'il devienne votre référence. Il faut au moins une *action réussie* pour qu'une personne devienne votre référence. Chaque nouvelle action réussie avec la même personne contribue à augmenter votre confiance mutuelle.

En tant que professionnel, il est très important de gérer efficacement et activement vos références tout au long de votre carrière, et pas uniquement quand vous cherchez un emploi. L'enjeu est de vous construire une réputation professionnelle dans la durée.

Pour les freelances, les références sont indispensables pour gagner des propositions commerciales. Certains cabinets de conseil vont même jusqu'à afficher le logo de leurs entreprises clientes à l'entrée de leurs locaux pour que ce soit la première chose qu'un prospect voit quand il vient en visite.

Pour ne pas alourdir le contenu de cette partie du livre, le texte est construit principalement sur l'exemple des salariés mais il est bien sûr pertinent pour les indépendants et les dirigeants.

Qui sont vos références ?

La plupart des pays privilégient les références professionnelles, mais dans les pays anglo-saxons, on s'intéressera également à vos références sociales.

Vous pouvez choisir vos références professionnelles en fonction du poste à pourvoir parmi vos anciens managers, collègues, collaborateurs, clients, fournisseurs ou partenaires. Si vous débutez votre vie professionnelle, ou si vous êtes étudiant, vous pouvez solliciter vos anciens professeurs.

Si vous proposez des références sociales, vous pouvez choisir des amis ou des personnes de votre réseau social ou associatif, mais surtout pas de votre famille (aucune crédibilité). Il faut cependant savoir que certains recruteurs n'accordent aucune importance aux amis ou voisins, quel que soit le pays.

Comme nous l'avons déjà dit, un réseau se crée quand tout va bien. Si vous restez dans votre coin, le jour où vous aurez un problème, il sera trop tard pour chercher de l'aide. Pour vos références, c'est la même chose. Il vaut mieux gérer vos références quand tout va bien plutôt que lorsque vous vous retrouvez au chômage. Connaissez-vous la différence entre un perdant et un gagnant ? Un *perdant* a un plan pour le cas où ça irait bien. Un *gagnant* a un plan pour le cas où ça irait mal. Une fois au chômage, en quelques mois, vous pourriez perdre la trace des personnes avec qui vous avez travaillé. Vos références sont le niveau 1 de votre réseau de contacts, c'est votre club VIP. Il nécessite une attention particulière.

Comment travaillent les recruteurs ?

Pour un recruteur, appeler des références, c'est essayer de percevoir le candidat en action vu par d'autres personnes (principe du « 360°feed-back »).

Comment le recruteur sélectionne-t-il vos références ?

En général, un recruteur demandera au candidat de lui fournir trois références, par exemple deux anciens managers et une personne au choix du candidat (le candidat devra justifier son choix).

En fonction des profils et du poste à pourvoir, le recruteur essaye d'obtenir des renseignements de différentes personnes, qui ont connu le candidat à différentes étapes de sa carrière, dans des postes et des rôles différents. L'objectif est d'obtenir des informations venant de hiérarchiques ($n + 1$), de collègues (n), de collaborateurs ($n - 1$), de fournisseurs et de clients.

Les recruteurs considèrent souvent les anciens managers comme prioritaires car ils sont *a priori* les plus aptes à apprécier les niveaux $n - 1$ et à repérer des potentiels. C'est moins pertinent venant des collègues ou des clients qui n'ont pas une vue globale.

D'une manière générale, le recruteur va chercher à :

- valider l'ancienne *performance* du candidat : résultats obtenus, optimisation des ressources disponibles, vision stratégique, compétences, expertise, etc. Il veut vérifier si le poste est adéquat ou si l'évolution envisagée pourra être assumée par le candidat ;
- évaluer la *personnalité* du candidat : fiabilité, rapidité, efficacité, relationnel, éthique, ambition, potentiel, autonomie, créativité, rigueur, capacité d'adaptation, capacité à travailler en équipe, fibre commerciale, etc.

Comment se déroule l'entretien entre le recruteur et la référence ?

Le recruteur va contacter vos références le plus souvent par téléphone.

Le recruteur veut s'assurer que votre référence (son interlocuteur) est fiable. Il analyse donc la façon dont il répond aux questions, sa compréhension du sujet, sa spontanéité, ses silences et, surtout, la qualité de l'information qu'il donne. L'objectif est de pouvoir dire si votre référence est sincère ou si elle cache quelque chose. Le recruteur contrôle donc la sincérité des propos.

En cas de non-concordance entre les informations fournies par les différentes personnes interrogées, le recruteur approfondira sa recherche.

L'entretien commence souvent par l'évocation de la situation de collaboration entre la référence et le candidat : le contexte, les fonctions occupées, les types de projets, la durée de la collaboration et sa régularité.

Les questions classiques concernent :

- forces – faiblesses ou qualités – défauts ;
- réalisations – échecs ;
- comportement en équipe, comportement face au client ;
- mode de management ;
- réaction en cas de stress.

Mais aussi des questions du type :

- si vous deviez donner un conseil à X pour développer ses compétences ou se perfectionner, quel serait-il ?
- quel conseil donneriez-vous à son futur patron pour qu'il puisse valoriser pleinement les talents et le potentiel de X ?
- avez-vous le sentiment que X a le potentiel pour évoluer plus avant dans sa carrière ?
- si je discutais avec vos collègues de X, est-ce qu'ils me diraient la même chose que vous à son sujet ? Qui me donnerait des informations différentes et pourquoi ?
- (après une description du poste pour lequel X postule) à votre avis, X serait-il un bon candidat ? Y aurait-il des points à surveiller, à améliorer ?
- et enfin une question typique : seriez-vous disposé à le réembaucher ? Les bémols, le ton, les hésitations sont pris en compte !

Certains recruteurs font vérifier les antécédents du candidat par des firmes spécialisées : diplômes universitaires, dettes ou dossiers judiciaires. Voir par exemple : *www.verifdiploma.com* ou encore *www.control-cv.com* qui propose l'externalisation complète du processus de contrôle des références.

En résumé, voici les points clés :

- le candidat a-t-il dit la vérité ?
- les informations obtenues des différentes références sont-elles concordantes ?
- les informations obtenues des références confirment-elles les impressions des entrevues ?

Les recruteurs valident ainsi que ce qu'ils ont perçu du candidat en entretien n'est pas un leurre. Il y a des manipulateurs ! Ils engagent leur crédibilité et leur réputation vis-à-vis des futurs employeurs.

Comment vous préparer ?

Il est important d'anticiper la demande des recruteurs concernant vos références même si vous ne cherchez pas de travail (*cf.* plus haut différence entre un perdant et un gagnant !). Il est donc utile de lister dès maintenant l'ensemble des personnes susceptibles d'apporter un éclairage pertinent sur votre profil (plus de détails pratiques ci-dessous).

Si vous cherchez du travail maintenant, il faut préparer votre référence pour l'entretien. L'objectif est de lui permettre d'être précis et authentique dans ses réponses.

Si vous savez qu'une de vos références donnera un feed-back négatif sur certains aspects de votre collaboration, il vaut mieux anticiper et donner votre version des faits au recruteur avant l'entretien. D'une manière générale, plus vous êtes transparent vis-à-vis du recruteur, plus vous le mettez en confiance.

Il se peut aussi que votre référence ne soit pas très positive sur vous parce qu'elle n'a pas du tout apprécié que vous quittiez l'organisation. Elle peut indirectement se venger ! Dans ce cas, il faut donner le contexte de votre départ au recruteur avant l'entretien.

Si vous mentez sur un aspect de votre CV, c'est la crédibilité de tout votre CV qui s'effondrera. De nombreux CV sont truqués, des candidats mentent, leurs références aussi, c'est terriblement humain… mais ce n'est pas une manière efficace de se construire une bonne réputation dans la durée. Grâce aux moteurs de recherche de personnes, à Google, aux réseaux sociaux, aux outils dédiés à la gestion de la réputation numérique, Internet va très bientôt rendre beaucoup plus facile la traque des fraudeurs. On les trouvera plus facilement, mais cela ne réduira pas leur nombre pour autant.

Savoir gérer ses références

Quand un recruteur vous demande vos références, la plupart du temps vous lui donnez des numéros de téléphone.

Gérer vos références, c'est appeler vos références pour les prévenir de l'appel et leur expliquer votre situation. Il faut donner des éléments de votre contexte professionnel pour que vos références puissent adapter leur discours à votre projet professionnel. Il ne s'agit pas de mentir ou de manipuler, mais d'orienter les réponses vers des éléments qui peuvent renforcer votre projet plutôt que l'affaiblir.

Il est également utile d'appeler vos références après l'entretien avec le recruteur pour faire un débriefing : résumé de l'entretien, ressentis, bilan.

Gérer vos références, c'est aussi gérer les recommandations écrites (recommandations sur Internet ou sur papier). Parfois les recommandations que vous recevez de vos références ne sont pas adaptées à votre projet professionnel ou ne correspondent pas à votre identité professionnelle. Il est donc préférable de demander des ajustements, une révision du texte. Ce n'est pas toujours possible. C'est à vous d'évaluer la situation. Cela dépend de la qualité de vos relations, de la façon dont vous allez présenter les choses et de la personnalité de chacune de vos références. Prudence donc… mais, cela vaut le coup d'essayer !

Si votre référence accepte ce travail de révision, alors il faut lui mâcher le travail. C'est à vous de faire une contre-proposition.

Vous avez réussi plusieurs actions avec votre référence. Elle avait décrit l'action A, mais vous préférez que l'on présente l'action B dans votre recommandation parce que cela correspond plus à vos objectifs professionnels. À vous de préparer le texte ou les éléments décrivant l'action B.

Gérer vos références, c'est aussi actualiser vos recommandations écrites quand c'est nécessaire. Au fil du temps, vous avez d'autres actions réussies à votre actif avec certaines de vos anciennes références. Si l'une de ces actions correspond plus à votre identité professionnelle actuelle ou à votre projet, vous pourriez demander à votre référence d'actualiser le contenu de la recommandation. L'objectif est de remplacer votre recommandation écrite actuelle par une nouvelle recommandation.

Manipulation ?

Gérer vos références ne vise pas à déformer la réalité à votre avantage ou à encourager votre référence à manipuler un recruteur ou à mentir. N'oubliez pas que vos références engagent leur réputation quand elles vous recommandent. Il est préférable pour tout le monde de s'en tenir aux faits, à la vérité.

Gérer vos références, c'est organiser une communication orale et écrite efficace entre vos références et vos interlocuteurs (recruteurs ou prospects).

Vous ne rédigez pas votre CV ou votre lettre de motivation n'importe comment. Vous préparez les entretiens avec les recruteurs. Alors, vos recommandations doivent être rédigées d'une manière ciblée et efficace.

Vos références sont au cœur de ce que nous pourrions appeler votre réseau de références ou réseau de confiance. Que faites-vous pour gérer votre réseau de confiance ? pas grand-chose ? Alors lisez le chapitre suivant… !

Chapitre 14

Comment construire votre réseau de références ?

Comme presque tout le monde, vous êtes pris dans le quotidien par vos différentes activités. Lorsque vous entendez le mot « référence », vous pensez immédiatement aux deux ou trois personnes que vous allez solliciter si vous êtes un jour au chômage. Vos références représentent un « problème » lointain, une réponse à un besoin futur et potentiel. Et puis, grâce à votre réseau de contacts, l'association des anciens, votre famille, vous avez trouvé vos deux derniers emplois par relation, sans fournir aucune référence. Et si vous êtes diplômé d'une grande école, vous considérez probablement que le nom de votre école est la seule référence dont vous aurez vraiment besoin pour toute votre carrière.

Si comme presque tout le monde, vous ne vous souciez pas de vos références, chercher un emploi consiste à avoir un CV, une lettre de motivation et environ trois références. Mais que se passera-t-il le jour où certains candidats seront en mesure de montrer une liste de trente à cinquante références ? Vous pensez qu'il s'agit de prospective ? Non ! C'est déjà une réalité grâce à de nouveaux services sur Internet que nous présenterons un peu plus loin. À titre d'exemple, Thomas Power, un dirigeant anglais, peut présenter 726 références sur son profil Linkedin : http://www.linkedin.com/in/thomaspower. Il a pris un peu d'avance sur vous, peut-être trop pour que vous puissiez espérer un jour entrer en concurrence avec lui sur un emploi.

Quand un recruteur pourra consulter les références de certains candidats sans les demander via des profils en ligne, quand il pourra faire la balance entre vos trois références d'un côté et trente ou cinquante de l'autre, il sera urgent pour vous de ne plus faire comme presque tout le monde.

Ce chapitre et les suivants de cette troisième partie sont une invitation à ne plus considérer vos références comme un « problème » ponctuel, mais comme un outil permanent indispensable à la gestion efficace de votre carrière. Vos références professionnelles sont en effet un atout non seulement dans le cadre d'une recherche d'emploi, mais aussi et surtout dans le cadre de toute votre carrière. Si vous êtes freelance, c'est la clé de voûte de votre efficacité commerciale. Ce chapitre vous aidera à prendre conscience de l'utilité de transformer vos références en un véritable réseau : un réseau de références.

Un réseau de références est un sous-ensemble de votre réseau de contacts qu'il est important d'identifier et de distinguer du reste de vos contacts car il nécessite une gestion très particulière. Il est donc important de construire deux réseaux :

- *votre réseau de contacts* : il s'agit de votre carnet d'adresses : toutes les personnes avec qui vous avez été en contact au moins une fois en face à face ou en virtuel. Ce réseau vous permettra de retrouver vos références et d'obtenir des mises en relation pour trouver un emploi, des clients, des experts ou des partenaires. Il s'agit des niveaux 2 et 3 de votre réseau professionnel (*cf.* partie 2 de ce livre) ;
- *votre réseau de références* : il s'agit de vos références sociales et professionnelles, que l'on pourrait aussi appeler votre réseau de confiance. Ce sont toutes les personnes avec qui vous avez réussi une ou plusieurs actions. Il s'agit du niveau 1 de votre réseau professionnel (*cf.* partie 3 de ce livre).

Il est facile de comprendre ce qu'est un réseau de contacts. Par contre, un réseau de confiance regroupant vos références, c'est moins évident !

Qu'est-ce qu'un réseau de références ?

Tout au long de notre vie, nous vivons et travaillons avec de nombreuses personnes avec qui nous construisons des relations de confiance. Du fait de notre mobilité (changement de ville, de pays, de travail, etc.), notre entourage se recompose régulièrement. Lorsque nous rencontrons une nouvelle personne, que ce soit un voisin, un collègue ou son nouveau manager, nous repartons de zéro en termes de confiance mutuelle. Il faudra plusieurs mois ou plusieurs années pour recréer des liens de confiance. Aujourd'hui, nos relations de confiance sont donc implicites car il n'existe pas d'espace pour les décrire explicitement. Elles sont invisibles car seule la personne qui nous fait confiance sait qu'elle nous fait confiance.

La preuve de l'efficacité des réseaux sociaux n'est plus à faire. Vous appartenez à de nombreux réseaux sociaux à travers votre famille, vos amis, vos anciens camarades d'école, vos anciens collègues d'entreprise ou vos relations associatives (politique, culturelle, sportive, religieuse, etc.). Mais, vous avez aussi un réseau bien plus important que les autres. Il s'agit de votre réseau de références (niveau 1) qui est transversal à tous ces réseaux et qui est constitué de l'ensemble de vos références sociales et professionnelles. Ce réseau est actuellement informel et invisible, mais il existe ! Il est donc nécessaire *de le rendre visible* à travers des recommandations, afin de le faire connaître aux personnes dont vous avez besoin pour faire avancer votre vie professionnelle (prospects, recruteurs, managers, etc.).

Toutes les personnes que vous connaissez peuvent potentiellement faire partie de votre réseau de références (si actions réussies). Il s'agit de vos managers, collaborateurs, collègues, clients, fournisseurs ou partenaires. Vous pouvez également inclure vos professeurs si vous êtes jeune diplômé, ainsi que toutes vos références sociales (amis, associations/réseaux, lecteurs de votre blog, etc.).

Vos références sociales sont toutes les personnes de votre entourage qui peuvent apporter un éclairage sur vos qualités humaines, vos valeurs ou votre expertise dans un cadre social. Cet éclairage peut avoir une grande valeur ajoutée dans un cadre professionnel. Vos références sociales ont pour vocation de montrer des facettes de votre potentiel qui n'ont pas forcément pu s'exprimer dans votre parcours professionnel. Par exemple : votre créativité, vos expertises cachées, vos qualités de leader au sein d'une équipe de sport, vos talents artistiques, etc. Ces éléments sont souvent invisibles ou perdus dans la rubrique « Divers » de votre CV. Ils ne sont pas mis en valeur. Il est temps de les remettre à l'honneur ! On vous enferme dans une voie qui ne vous convient plus, utilisez votre réseau de références sociales pour en sortir.

Comment retrouver vos références ?

Plutôt que de retrouver vos références, il serait bien plus efficace de ne pas les perdre ! Beaucoup de professionnels utilisent leurs références en mode pompier (quand tout va mal). Ils n'auront donc probablement jamais plus de trois références à présenter car, comme il n'y a pas le feu tous les jours. Pourquoi faire appel à vos références uniquement pour une recherche d'emploi ? Vos références pourraient vous aider à obtenir une promotion, une augmentation de salaire ou un nouveau poste.

Perte des coordonnées, départ à la retraite, etc. Pour éviter cela, il est important de faire vivre le niveau VIP (niveau 1) de votre réseau professionnel. En général, nous perdons nos références d'autant plus vite au fur et à mesure de :

- notre mobilité professionnelle (changement d'entité, de fonction, etc.) ;
- notre mobilité géographique (pays, région, etc.).

Pourtant, vos références sont au cœur de votre réputation professionnelle. Plus vous en avez, mieux c'est. Alors, reprenez votre CV pour vous aider à identifier les personnes qui peuvent faire partie de votre réseau de références.

Pour chaque fonction occupée au sein d'une organisation, identifier toutes les personnes qui peuvent potentiellement faire partie de votre réseau : vos managers, vos collaborateurs, vos collègues, vos clients, fournisseurs ou partenaires.

Pour chaque activité extra-professionnelle, au sein d'une association par exemple, identifier les personnes qui peuvent apporter un éclairage sur vos compétences ou qualités humaines, ainsi que sur la façon dont vous avez exercé vos fonctions.

Vous avez les noms, c'est un bon début. Maintenant il faut reprendre contact. Pour retrouver vos références, voici quelques pistes :

- les moteurs de recherche ou annuaires de personnes : Spock, Ziki, Ziggs, 123People, Zoominfo, Wink, Yoname (*www.yoname.com*), Naymz ou Whozat (*www.whozat.com*) ;
- les réseaux sociaux : Facebook (*www.facebook.com*), Copainsdavant (*http://copainsdavant.linternaute.com*), Viadeo (*www.viadeo.com*), LinkedIn (*www.linkedin.com*), 6nergies (*www.6nergies.net*), Tribe (*www.tribe.net*), Xing (*www.xing.com*) ou Ecademy (*www.ecademy.com*) ;
- les annuaires classiques type pages blanches, mais ils sont peu efficaces si vous ne connaissez pas au moins la ville de résidence actuelle ;
- les moteurs généralistes type Google : tapez le « prénom nom » ou « nom prénom » de la personne que vous cherchez entre guillemets. S'il a trop de résultats, ajoutez des éléments distinctifs dans votre requête : école, entreprise, etc. Pour trouver son e-mail, tapez le « prénom nom mail » ou « prénom nom @ » (cela permet d'afficher uniquement les pages sur lesquelles figurent des e-mails… en théorie !).

En principe, tout votre entourage peut faire partie de votre réseau de références. Mais, vous n'avez pas confiance en tout le monde et inversement. Il est donc nécessaire de définir une sphère de confiance !

Savoir définir un contexte de confiance

Vous pouvez avoir confiance dans une personne pour faire certaines choses, mais pas d'autres. Un pilote de formule 1 est *a priori* une personne digne de confiance pour piloter une voiture de course. Mais est-ce que vous lui proposeriez de construire votre maison ? Une personne n'est pas digne de confiance dans l'absolu, mais dans un contexte. Pour chaque personne de votre réseau social et professionnel, dans le cadre d'actions réussies, vous définissez implicitement un « contexte de confiance » (une « sphère de confiance ») sur des fonctions, des compétences ou des qualités humaines. Nous ne pouvons pas dire que nous avons confiance dans une personne sans préciser le contexte dans lequel nous lui faisons confiance.

Par exemple, voici comment Jacques pourrait définir un contexte de confiance vis-à-vis de son collègue Martin (ce qui est dans la sphère de confiance et ce qui est à l'extérieur) :

- Jacques *a confiance* en Martin pour le management d'une équipe, le marketing et pour sa créativité (fonctions, compétences, qualités humaines à l'intérieur de la sphère de confiance de Jacques concernant Martin).

- Jacques *ne sait pas s'il peut avoir confiance* en Martin pour gérer un projet, la maintenance des systèmes informatiques et sa fidélité envers l'entreprise (à l'extérieur de la sphère de confiance de Jacques).

- Jacques *n'a pas confiance* en Martin pour la gestion de l'innovation, la comptabilité et sa ponctualité (à l'extérieur de la sphère de confiance de Jacques).

En résumé, dans votre réseau social et professionnel, pour chaque personne, une sphère de confiance est définie implicitement. Cette sphère de confiance inclut dans le domaine professionnel les composantes de l'identité professionnelle : métiers, fonctions, expertises, compétences et qualités humaines. Il s'agit des composantes sur lesquelles vous accordez votre confiance à une personne de votre réseau. À l'inverse, à l'extérieur de la sphère de confiance, vous n'êtes pas à l'aise pour dire que vous avez confiance dans cette personne.

Pour votre réseau de références, la sphère de confiance sera décrite à travers les recommandations de vos références, soit orales (lors d'interviews avec des recruteurs) ou écrites (lettres de recommandation).

De nombreux outils existent sur Internet pour construire vos réseaux (contacts et références). Internet est un réseau et les réseaux sociaux en sont un prolongement naturel. Il est temps de découvrir ces réseaux.

Chapitre 15
Gérer votre réseau de références

On pourrait reformuler la question du chapitre ainsi : « Quels sont les outils qui vous permettront de passer de 3 références comme presque tout le monde à 726 références comme Thomas Power ? » (*cf.* chapitre précédent). Gérer votre réseau de références avec des outils adaptés, c'est faire exactement l'inverse de « presque tout le monde ». Vous pourrez ainsi facilement faire la différence : prendre cet emploi convoité ou gagner cette proposition commerciale.

Dans les deux précédents chapitres, nous avons abordé plusieurs notions :

- références professionnelles
- références sociales ;
- recommandations ;
- réseau de contacts ;
- réseau de références ;
- sphère de confiance ou contexte de confiance.

Avant d'aller plus loin, il est important de faire une courte synthèse pour mieux comprendre ensuite les outils.

SYNTHÈSE

1. Les recruteurs et employeurs évaluent la *réputation* d'un professionnel à partir de ses *références* et de leurs *recommandations* (orales ou écrites).

2. Vous avez des *références professionnelles* parmi vos anciens ou actuels managers, collègues, collaborateurs, clients, fournisseurs ou partenaires. Vous avez également des *références sociales* (amis et personnes de votre réseau social ou associatif).

3. Beaucoup de professionnels sont confrontés à deux problèmes majeurs :

– premier problème : *l'utilisation des références en mode pompier* (quand tout va mal) plutôt que sur le mode du réseau professionnel (niveau 1) ;

– second problème : *la perte de leurs références*. Vous perdez vos références d'autant plus vite au fur et à mesure de votre mobilité professionnelle et géographique.

4. En tant que professionnel, il est important de construire deux réseaux :

– *votre réseau de contacts* : il s'agit de votre carnet d'adresses ;

– *votre réseau de références* : il s'agit de vos références sociales et professionnelles, un réseau qualifié (connaissances mutuelles fortes) et de qualité (ce n'est pas la quantité qui compte).

5. À l'intérieur de votre réseau de références, pour chaque personne, une *sphère de confiance* est définie.

Pour gérer votre réseau de références, il existe deux types d'outils :

- *les réseaux sociaux professionnels* : il s'agit de LinkedIn, Ecademy, Viadeo et 6nergies. Ces réseaux sont spécialisés dans la mise en relation et la gestion de votre réseau de contacts professionnels. Mais, ils disposent également de fonctions permettant d'obtenir des recommandations ou témoignages. On peut alors obtenir un aperçu de votre réseau de références à travers la liste des personnes qui ont rédigé des recommandations pour vous (même s'ils ne se sont pas officiellement déclarés comme « référence », c'est-à-dire personne qui pourrait prendre l'appel d'un recruteur ou de l'un de vos prospects) ;

- les services spécialisés dans la gestion des références professionnelles : il s'agit de CV 2.0, Naymz, Repvine (www.repvine.com), iKarma (www.ikarma.com), Rapleaf (www.rapleaf.com), TrustPlus (www.trustplus.com) ou Gorb (www.thegorb.com). Ils ne sont pas tous conçus dans une logique de « réseau de références », mais ils permettent de facto de créer un réseau de références à partir de la liste des personnes qui ont rédigé des recommandations, des feed-back ou des témoignages. iKarma, Rapleaf, TrustPlus et Gorb proposent également aux vendeurs des systèmes de notation plus ou moins sophistiqués sur le même modèle qu'eBay.

Les réseaux sociaux professionnels en tant qu'outil de gestion de vos références

Le principe des réseaux sociaux professionnels est simple : obtenir des mises en relation en mettant en ligne votre carnet d'adresses pour pouvoir utiliser celui de vos contacts. C'est un jeu gagnant/gagnant. Vous rendez votre carnet d'adresses public pour vos contacts pour pouvoir accéder non seulement au carnet d'adresses de vos contacts, mais aussi à celui des contacts de vos contacts jusqu'à trois ou quatre degrés.

À titre personnel, mes 310 contacts sur LinkedIn me permettent d'entrer en relation avec 106 400 personnes (2e degré). Ces 106 400 personnes peuvent à leur tour me mettre en relation avec 4 933 500 personnes (3e degré). LinkedIn est mon service principal. J'utilise Viadeo uniquement avec ceux qui n'ont pas de compte sur LinkedIn. Je profite de ce passage du livre pour vous proposer en tant que lecteur de ce livre de faire partie de mon réseau de contacts. Pour cela, connectez-vous sur mon profil LinkedIn : *http://www.linkedin.com/in/olivierzara* puis cliquez sur « View Full Profile », puis sur « *Add Olivier to my Network* », puis sélectionnez « *Friend* » dans la liste, ainsi vous n'avez pas à fournir mon e-mail. Une fois connecté, vous pourrez me contacter directement pour échanger sur le Personal Branding (je suis intéressé par vos idées, vos commentaires sur le sujet) et/ou me poser des questions pour lesquelles vous n'avez pas trouvé de réponse dans ce livre).

Les chiffres de votre réseau de contacts varient tous les jours, plus les personnes de votre réseau de contacts ajoutent des contacts à leur propre réseau et plus cela augmente le nombre de personnes que vous pouvez contacter.

Les réseaux sociaux professionnels ont été conçus pour gérer votre réseau de contacts et pour organiser des mises en relation, mais ils peuvent également être utilisés pour gérer votre réseau de références. Voici un tour d'horizon des acteurs majeurs sur le marché.

LinkedIn

C'est le leader mondial avec plus de 30 millions d'utilisateurs (décembre 2008). C'était 20 millions quelques mois auparavant. Ils sont en croissance exponentielle – la crise ne fait qu'accélérer cette croissance. Probablement 40 millions quand vous lirez ce livre. Très peu présent en France jusqu'à présent, LinkedIn a signé un partenariat avec l'APEC qui devrait l'aider à s'implanter en France. Le service est disponible en français en version bêta pour l'instant.

Voici le profil de Reid Hoffman, l'un des fondateurs : *http://www.linkedin.com/in/reidhoffman*.

La flèche rouge pointe vers le nombre de ses 49 recommandations.

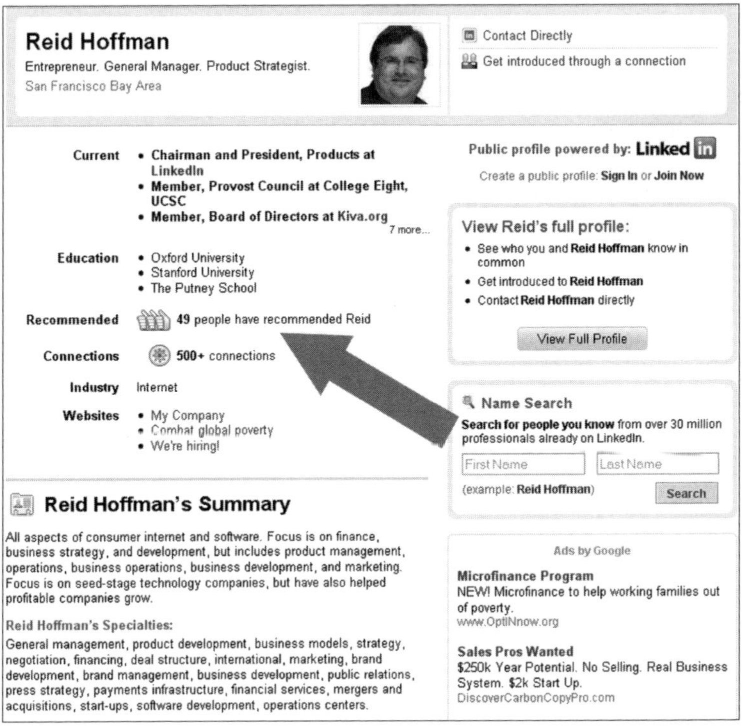

Viadeo

Il s'agit du leader français avec 5 millions d'utilisateurs au niveau mondial (2 millions en France et 1 million dans le reste de l'Europe et du monde). Il est utile surtout si vous vivez et travaillez en France. Mais ce service a des ambitions mondiales en particulier avec Tianji (2 millions d'utilisateurs en Chine). Viadeo et Tianji appartiennent au même groupe et ne formeront un jour qu'une seule plateforme.

Voici le profil de Dan Serfaty, l'un des fondateurs : *http://www.viadeo.com/fr/profile/dan.serfaty.*

La flèche rouge pointe vers le nombre de ses références (par poste).

Ecademy

C'est un service britannique qui compte trois cent mille utilisateurs. Très utile si vous travaillez au Royaume-Uni.

Voici le profil de Thomas Power, l'un des fondateurs qui a 726 références sur Linkedin mais qui n'en a que 504 sur son propre service : *http://www.ecademy.com/account.php?id=8*.

La flèche rouge pointe vers le nombre de ses témoignages.

6nergies

C'est un service français qui compte vingt mille membres et qui propose des applications originales et sans publicité. Il mise sur la qualité du service et le service de modération entre les membres. Le spam social est un fléau qui ne passera pas sur 6nergies.

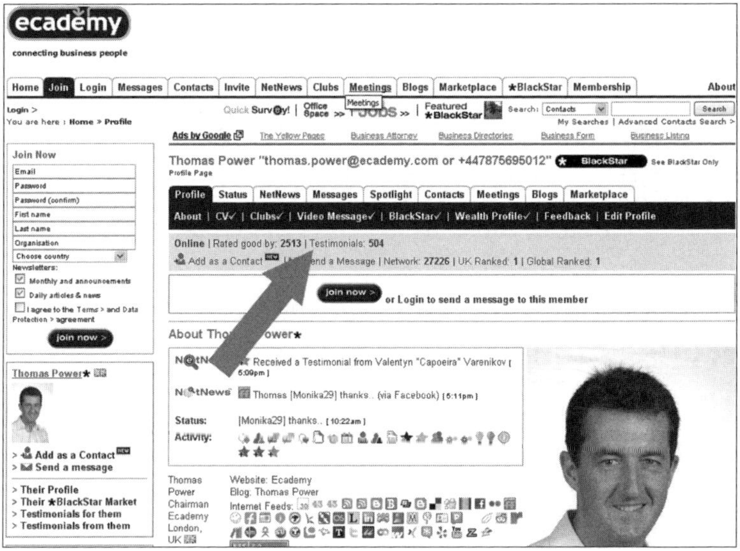

Xing

C'est un service d'origine allemande. C'est le leader européen avec 6 millions de membres et une forte croissance. Bien que deuxième réseau mondial par la taille, Xing ne propose pas de système de recommandations, mis à part un pseudo-livre d'or qui fonctionne dans les faits comme un système de commentaires propre au blog ou comme le « Wall » de Facebook. Chaque visiteur peut y publier ce qu'il veut sans processus d'autorisation préalable. On y trouve donc des messages personnels, des invitations à visiter un profil, des remarques sur votre profil, des demandes de renseignements, des demandes de mise en relation (cela évite de payer le premium !) et parfois des recommandations. Aucun élément de ce livre d'or n'est affiché sur votre profil et c'est mieux ainsi étant donné qu'il n'y a pas de validation *a priori* du contenu publié sur votre livre d'or. Xing ne peut pas être utilisé pour gérer votre réseau de références.

Tout comme pour les sites de rencontres amoureuses, ces réseaux professionnels augmentent leur valeur ajoutée par la masse de leurs utilisateurs. Plus il y a de membres, plus le nombre de mises en relation possibles augmente. En théorie, il est donc préférable de s'inscrire sur les services leaders de votre marché.

Les services de gestion des références professionnelles et sociales

Depuis fin 2005, de nouveaux services sont apparus et se sont spécialisés sur la gestion de la réputation professionnelle et/ou sociale. Ils permettent de créer un profil public ou privé, sur lequel vous allez afficher les noms de vos références et leurs recommandations. Pour promouvoir votre réputation, il suffit de renvoyer vers votre profil en ligne. Vous pouvez aussi imprimer tout ou partie de ce profil en ligne sur papier et l'annexer ou l'intégrer à votre CV papier. Vos recommandations viennent ainsi en appui de certaines compétences ou de certaines étapes de votre carrière.

Le principal avantage de ces nouveaux services est de permettre la portabilité des éléments de votre réputation. Ces outils vous permettent d'utiliser vos recommandations sur tout type de services ou supports. Techniquement, on parle de système « ouvert ».

Ces services ne sont pas confrontés au problème de masse critique des réseaux sociaux. L'objectif n'est pas de vous mettre en relation, mais de gérer votre réputation professionnelle. Si vous sollicitez dix personnes pour devenir vos références, le nombre total d'utilisateurs du service vous importe peu !

Cela dit, ces services sont complémentaires des réseaux sociaux professionnels. Ils ne les remplacent pas car ils ne sont pas conçus pour les mises en relation et la gestion de vos contacts.

J'ai conçu un service de gestion des références (CV 2.0 – *www.cv-20.com*) et je dirige la société qui propose le service. Ce livre me permet de partager avec vous mes années de recherche et de développement sur le thème du Personal Branding, de l'identité et de la réputation numériques. Compte tenu du conflit d'intérêts entre ma position d'auteur et ma position vis-à-vis de CV 2.0, je vous conseille de vous inscrire sur les services cités ci-dessous pour vous faire votre propre opinion et juger par vous-même. Cette réserve faite, voici une présentation des services existants.

Repvine (*www.repvine.com*)

Repvine un service entièrement dédié à la gestion de vos références. Vous créez un réseau et seules les personnes qui font partie de votre réseau peuvent rédiger des recommandations. Cependant, une fois connecté avec une personne, vous ne maîtrisez plus le contenu de sa recommandation, sauf à engager une procédure à travers un formulaire spécial. Voici les raisons de ce choix extraites des FAQ :

> « *With Repvine, you get to decide who contributes, that is, who makes up your community, but you do not get to decide or change what your community says about you. If you invite a friend or a customer to contribute, or accept a request for contribution from a friend or customer, they will most likely say good things, but they might also say something slightly neutral or perhaps something that you think is a little too honest or even negative. None of us are perfect, and our references will reflect that.* […] » (*Source : http://www.repvine.com/footer/faq.php#D*).

Cependant, pour contrebalancer la publication potentielle de contenus négatifs ou neutres, mais également pour fiabiliser le contenu publié, Repvine propose un système de vote sur chaque recommandation. Chaque personne de votre communauté peut voter sur le contenu publié par les autres membres de votre communauté. Si vous obtenez une recommandation, qu'elle soit positive, neutre ou négative, sa valeur ou pertinence peut être réduite ou augmentée par les membres de votre communauté par des votes en accord ou désaccord.

Repvine vous permet de rassembler dans votre réseau de références des personnes sur quatre dimensions : amis, famille, professionnel et romance. La vidéo « Dating » est disponible sur ce lien : *http://www.youtube.com/watch?v=8NcUQAd-YuA* ; si vous voulez vous détendre, regardez les deux autres vidéos disponibles : *http://www.repvine.com/videos/* (un peu d'humour est toujours bienvenu lorsque l'on parle réputation !).

Pour un aperçu du service, visitez le profil de cet utilisateur qui est l'un des fondateurs de Repvine : *http://www.repvine.com/members/hyardeny/*.

La flèche rouge pointe vers le nombre de ses références.

Naymz (*www.naymz.com*)

Naymz a déjà été présenté dans la partie 2 de ce livre. Ce service a été conçu à l'origine comme un agrégateur de contenus sur un profil en ligne (à partir de vos flux RSS). Naymz vous permet ensuite de promouvoir votre profil dans les liens sponsorisés des moteurs de recherche. Fin 2007, Naymz a changé de stratégie et a ajouté de nouvelles fonctions orientées vers la gestion de la réputation professionnelle. Vous pouvez solliciter des recommandations et vous créer un réseau mixant contacts et références.

Voici la liste des fonctionnalités proposées :

- créer un profil en ligne (photo, présentation, coordonnées, etc.) et créer votre réseau de références (dans la limite de dix avec le compte gratuit) ;
- agréger les flux RSS (photos, vidéos, blogs, favoris, etc.) des services que vous utilisez (FlickR, YouTube, etc.) ;
- créer votre Naymz Reputation Network. Il s'agit de votre réseau de contacts et de références ;
- rechercher des personnes sur un moteur de recherche parmi tous les inscrits Naymz pour trouver des partenaires, des clients, etc. ;
- référencer votre profil Naymz dans les liens commerciaux des trois principaux moteurs de recherche (pour 4,95 USD par mois) ;
- surveiller les publications en ligne qui vous concerne (Reputation Monitor).

Naymz a aussi mis en place son propre système d'évaluation de votre réputation (votre RepScore). Plus vous êtes transparent sur le nombre d'information que vous publiez dans votre profil, plus vous gagnez des points. Vous gagnez par exemple cinq points pour chaque lien web ajouté sur votre profil, cinq points par tags et par e-mails que vous ajoutez sur votre profil, etc. Votre RepScore s'affiche sur la droite de votre profil avec une note de 1 à 10.

Votre profil s'affiche publiquement, mais vous pouvez cacher vos coordonnées. Seuls les utilisateurs inscrits sur Naymz peuvent vous contacter via un formulaire ou via vos coordonnées (téléphone, adresse, etc.). Si vous avez l'abonnement Premium, vous pouvez aussi être contacté par les personnes qui ne sont pas inscrites sur Naymz. Cet abonnement permet non seulement d'autoriser les utilisateurs non inscrits à vous contacter, mais il permet aussi de retirer les bandeaux publicitaires qui entourent les contenus de votre profil.

Lorsqu'une personne de votre réseau de contacts rédige une recommandation pour vous, vous ne pouvez pas refuser ou modifier son contenu. Mais si le contenu ne vous plaît pas, il suffit de retirer l'utilisateur de votre réseau (son nom et sa recommandation disparaissent de votre profil et de votre réseau).

Pour avoir un aperçu du service, visitez le profil de l'un des trois fondateurs, Nolan Bayliss : *http://www.naymz.com/search/nolan/bayliss/5*.

Les recommandations se trouvent dans le cadre « Endorsements » en dessous des coordonnées et la liste des références est sur la colonne de droite (voir les deux flèches rouges).

CV 2.0 (*www.cv-20.com*)

CV 2.0 est une solution de gestion des références professionnelles et sociales. Le service propose un système unique de recommandations visuelles (rédigées avec des mots-clés/tags).

Votre réputation professionnelle est représentée sous la forme d'un nuage de mots-clés répartis sur trois dimensions (métier, expertise et qualités humaines). Que vous ayez une recommandation ou cent recommandations, ce nuage de tags s'affiche toujours sur une seule page grâce au regroupement des tags similaires. Ce système visuel est destiné à pallier le problème du traitement du contenu des recommandations quand elles sont très nombreuses et rédigées sous forme de texte.

Vous gardez le contrôle total des contenus proposés par vos références. Si le contenu d'une recommandation ne vous convient pas, vous pouvez suspendre l'utilisateur de votre réseau (il devient invisible sur votre profil public). Vous lancez ensuite une procédure de révision pour ajuster et discuter le contenu de votre recommandation avec son auteur. Le but principal n'est pas d'écarter le contenu négatif ou neutre, mais d'orienter le texte sur certaines actions réussies plutôt que d'autres pour mettre vos recommandations en cohérence avec votre futur projet professionnel.

Voici la liste des fonctionnalités proposées :

- profil en ligne sous forme d'un mini-site web (public ou privé) ;
- choix entre plusieurs couleurs différentes pour votre charte graphique ;
- aucune publicité sur votre profil ;
- vos visiteurs n'ont pas besoin de s'inscrire sur CV 2.0 pour vous contacter ou pour voir vos recommandations ;
- option pour afficher votre mini-site web en deux langues de votre choix ;
- possibilité d'insérer une vidéo pour vous présenter ;
- confidentialité et sécurisation de l'accès à vos pages avec un système de code d'accès. Mais, vous pouvez aussi laisser votre profil en accès libre.

Le service est gratuit à 100% car il est financé par la vente de solutions de gestion de la mobilité interne dans les entreprises de plus de 1000 salariés. À titre d'illustration, en tant que fondateur du service, je vous invite à visiter mon CV 2.0, *www.olivier-zara.com* ou *www.cv-20.net/cv/Olivier.Zara.*

La flèche rouge indique le réseau de références. La partie droite montre le système de recommandations visuelles. Comme les recommandations classiques (textuelles) sont facultatives, il y a plus de références que de recommandations.

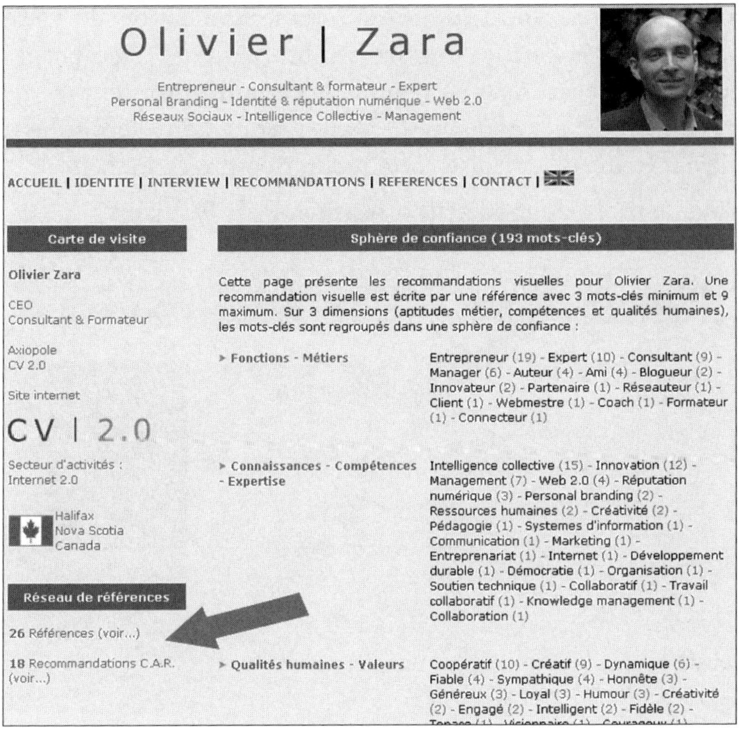

iKarma, Rapleaf, TrustPlus et Gorb

Pour terminer ce panorama, voici une présentation groupée de quatre services : **iKarma, Rapleaf, TrustPlus** et **Gorb**. Ces services s'inspirent du système de gestion de la réputation d'eBay. Vous trouverez une présentation détaillée de ces quatre services dans la partie 4, chapitre 20 sur la différence entre réputation commerciale, sociale et professionnelle.

Le chapitre 20 vous permettra d'évaluer la pertinence de ces outils pour la gestion de votre réputation en tant que professionnel. Voici en quelques mots un résumé de ce chapitre :

iKarma, Rapleaf, TrustPlus et Gorb sont des services très pertinents pour évaluer votre réputation en tant que vendeur ou acheteur, c'est-à-dire votre *réputation commerciale*. Mais, ils sont inadaptés, voire dangereux, pour l'évaluation de votre *réputation professionnelle*. En effet, ils autorisent des témoignages neutres ou négatifs sur votre profil et certains autorisent même les contributions anonymes. Vous prenez donc le risque à moyen terme de détruire votre réputation professionnelle.

Voici le profil du fondateur d'iKarma, Paul Williams :

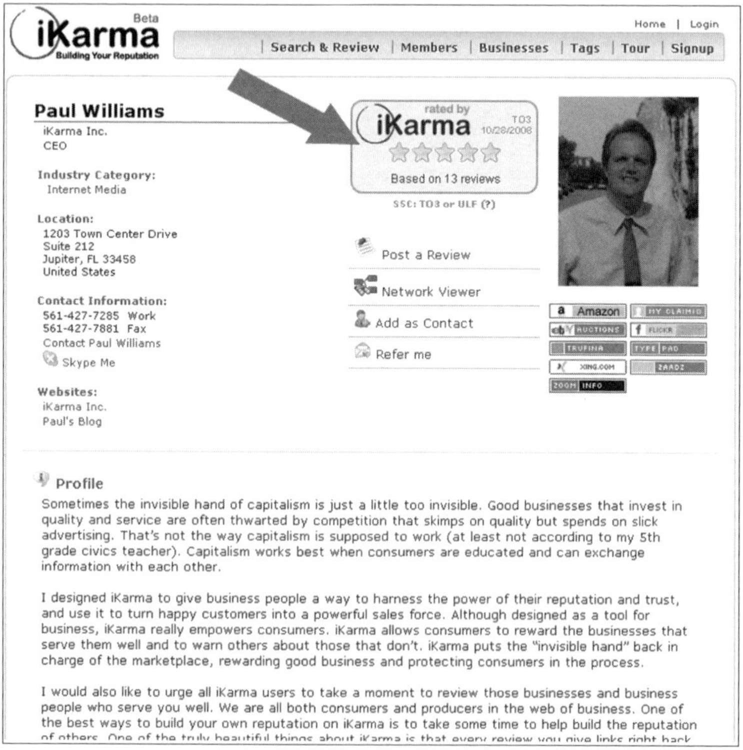

iKarma fonctionne sur le même principe que le système d'eBay. C'est pourquoi votre réputation est évaluée avec des étoiles (une étoile = mauvais vendeur, cinq étoiles = bon vendeur).

Choisir le service le plus adapté à vos besoins

Pour gérer votre réseau de références, vous avez donc le choix entre les réseaux professionnels type LinkedIn et les services spécialisés type Naymz.

Les réseaux professionnels

Avantages des réseaux professionnels

Leur notoriété liée à plusieurs années d'existence les rend crédibles aux yeux du grand public.

Il y a une relative compréhension du mode de fonctionnement de ces réseaux du fait de très nombreux articles de presse et livres publiés ainsi que des formations organisées pour apprendre à utiliser ces réseaux en ligne.

Leur système « tout en un » permet la gestion de votre réseau de contacts (niveau 2 et 3) et de votre réseau de références (niveau 1).

Inconvénients des réseaux professionnels

Certaines personnes peuvent accepter de devenir une référence en rédigeant une recommandation, mais elles n'ont pas forcément envie de participer à un réseau de mise en relation qui leur impose de :

- mettre leur carnet d'adresses sur la place publique ;
- jouer les intermédiaires ou tiers de confiance à travers de multiples demandes de mise en relation ;
- recevoir des propositions commerciales ou des propositions de recruteurs via les offres de mise en relation directe vendues avec les abonnements Premium de LinkedIn ou Viadeo par exemple. Ces offres permettent à n'importe qui de contacter vos références directement sans passer par vous. Certains parlent de « spam social » pour décrire le spam sur les réseaux sociaux. Pour comprendre le phéno-

mène, lisez ce billet du 4 juillet 2008 dans un blog : « Le spam social de Viadeo » (*http://www.belgablog.be/francais/spam-social-viadeo-reseau-social-affaires/*).

Vos références sont les membres VIP de votre réseau professionnel, il faut les traiter en VIP !

Est-il possible d'exporter ou de rendre accessible facilement mes références sur d'autres sites ou sur un support papier ? En d'autres termes, est-il possible de montrer mes recommandations LinkedIn sur Viadeo ou celles de Viadeo sur Ecademy ? La réponse est non.

C'est l'inconvénient majeur des réseaux : le problème de la « portabilité » des éléments de votre réputation. Cela revient à poser cette autre question : pouvons-nous solliciter nos références sur plusieurs services en même temps ? Et la réponse est aussi non !

> Exemple : Pour votre ancien collègue Jean, vous avez écrit une recommandation sur Viadeo. Mais, Jean décide de s'installer à l'étranger et s'inscrit sur Linkedin parce que c'est le leader international et il vous envoie une nouvelle demande de recommandation. Il est probable que vous refusiez sa demande en le renvoyant sur Viadeo, soit parce que vous n'êtes pas inscrit sur LinkedIn, soit parce que vous n'avez pas de temps à perdre : « Je t'en ai déjà fait une ! » Vous anticipez aussi sa prochaine expatriation en Allemagne où il pourrait à nouveau vous demander une recommandation sur Xing (sur le livre d'or).

Quand nous créons des profils en ligne pour promouvoir notre identité professionnelle en ligne, nous ne dérangeons personne (*cf.* services décrits dans la partie 2 du livre : « Mieux se faire connaître »). C'est un processus d'inscription individuel. Par contre, les recommandations mobilisent le collectif et nous ne pouvons pas le solliciter sur chaque service. Dans le même temps, l'enjeu actuel est de pouvoir promouvoir sa réputation professionnelle sur tous ces réseaux. Si vous placez les éléments de votre réputation dans un système fermé ou semi-fermé, vous perdez votre liberté de manœuvre.

Les services spécialisés

Avantages des services spécialisés

La *portabilité* des éléments de votre réputation, c'est-à-dire un système ouvert. Comme nous venons de l'expliquer, LinkedIn n'a en effet pas d'intérêt à ce que vous utilisiez vos recommandations sur Viadeo ou sur Xing tout comme eBay n'a pas d'intérêt à vous laisser utiliser votre réputation de vendeur eBay sur d'autres sites de e-commerce comme PriceMinister.

Inconvénients des services spécialisés

Leur jeunesse qui induit un manque de notoriété, et donc un manque de crédibilité (est-ce un gadget ou du sérieux ?) ; de ce manque de notoriété découle directement l'incompréhension du grand public sur le mode de fonctionnement de ces nouveaux services puisque personne n'en parle ou si peu... pour l'instant ; résistance au changement : pourquoi mettre mes recommandations sur Internet alors que j'ai de belles-lettres de recommandations en papier ?

Après avoir lu ce livre, vous serez peut-être convaincu de l'intérêt du service spécialisé par rapport au « tout en un », mais il faudra aussi convaincre vos références de l'utilité de s'inscrire sur « un autre service », un de plus. Il est en effet peu probable que vos références soient capables de faire la différence entre un réseau de contacts et un réseau de références. Enfin, même si vous utilisez un service spécialisé pour vos références, vous devez aussi utiliser un réseau pour vos contacts. Comme nous l'avons dit, les services spécialisés sont complémentaires des réseaux.

Synthèse des avantages et des inconvénients

Si nous essayons maintenant de faire une balance des avantages et des inconvénients, le « tout en un » est la solution la plus simple. Pour convaincre votre interlocuteur de vous faire une recommandation sur LinkedIn, il suffit de lui glisser à l'oreille qu'il y a 30 millions d'utilisateurs. Choisir un service spécialisé est un pari sur l'avenir. Il faudra encore deux ou trois ans avant que la presse, puis le grand public, s'intéressent à ce type de service. Pendant tout ce temps, il faudra devenir un ambassadeur du service que vous avez choisi. Votre force de conviction fera la différence. Vous êtes finalement dans la situation des premiers utilisateurs de LinkedIn en 2003 avec leurs contacts ! Mais au final, vous aurez probablement la récompense de vos efforts avec toute la liberté nécessaire pour exporter vos références et leurs recommandations où bon vous semble.

Si vous avez du mal à évaluer vos besoins, à prendre une décision, voici quelques questions pour stimuler votre réflexion aussi bien dans le choix entre « tout en un » et service spécialisé que sur les services entre eux (LinkedIn ou Viadeo ? Naymz ou CV 2.0 ?) :

- le service qui a ma préférence répond-il à mes besoins immédiats et futurs ?
- le service est-il disponible dans ma langue maternelle ou dans celle de mes visiteurs (recruteurs, prospects, références, etc.) ? s'agit-il d'un service local ou international ?
- de la publicité sur le profil affichant mes références est-elle acceptable pour mes visiteurs ? Par exemple, si vous postulez pour un emploi chez Peugeot et que votre profil en ligne affiche une publicité pour Toyota, est-ce que cela pose un problème ?
- le service impose-t-il à mes visiteurs de s'inscrire pour voir mes références et leurs recommandations ? Faut-il s'inscrire pour pouvoir me contacter ?

- le design de mon profil en ligne est-il en cohérence avec les exigences ou les attentes de mes visiteurs (ergonomie, charte graphique, etc.) ? Est-ce en cohérence avec ma marque personnelle ?

Vous êtes libre de votre choix mais vos contacts et vos références aussi. Il est possible que certaines références refusent de faire des recommandations en dehors du service principal qu'elles utilisent. Vous êtes sur Viadeo mais, pas de chance, votre référence utilise uniquement LinkedIn parce qu'elle n'aime pas Viadeo : ce service ne répond pas à ses besoins ; elle préfère LinkedIn parce que c'est le service choisi par l'APEC en France ; pour votre référence, la masse critique prime avec 30 millions d'utilisateurs du côté LinkedIn et 5 millions du côté Viadeo. Dans ce cas, si vous restez fidèle à Viadeo, une partie de vos recommandations seront sur Viadeo et l'autre sur LinkedIn.

Vos recommandations seront éparpillées sur plusieurs services. Sur votre CV et votre profil en ligne, il faudra renvoyer vos interlocuteurs sur plusieurs réseaux pour qu'ils puissent reconstituer le puzzle de votre réputation numérique. Pour pallier ce problème, certains rusent déjà. Ils copient et collent le contenu de leurs recommandations. Mais dans ce cas, votre interlocuteur n'a plus de garantie ni sur le contenu, ni sur l'auteur. Comme il ne vous connaît pas, il n'a pas confiance en vous *a priori*. Il y a tellement de recommandations truquées qu'il ne sait pas si entre le copier et le coller, vous n'avez pas fait quelques changements à votre avantage. Il faudra de toute façon qu'il aille vérifier à la source dans les différents morceaux de votre puzzle.

Pourquoi faut-il créer un « profil de références professionnelles » ?

Devant tant de questions, d'incertitudes, de changement, beaucoup d'entre vous vont renoncer. Ils continueront à utiliser leur carnet d'adresse papier (ou PDA) et ils solliciteront leurs références par téléphone comme au bon vieux temps et bien sûr uniquement quand ils seront au chômage. Cela fonctionnait très bien comme ça avant, pourquoi changer puisque presque tout le monde fait pareil ?

D'autres déjà inscrits sur LinkedIn ou Viadeo pourraient continuer à utiliser le service, mais uniquement dans sa dimension de mise en relation et partage de carnet d'adresses en laissant de côté la dimension recommandation.

Mais, quels que soient les outils présentés dans ce chapitre, outils tout en 1 (type LinkedIn) ou spécialisés (type CV 2.0), ils ont tous une caractéristique commune. Ils permettent de créer un « profil de références professionnelles ».

Si vous êtes tenté par l'immobilisme, la première question à vous poser concerne l'offre de services : pourquoi y a-t-il autant de services qui permettent de créer un profil de références professionnelles ? Peut-on en déduire qu'il y a non seulement un besoin des professionnels, mais aussi une attente des entreprises, recruteurs, employeurs ou prospects ? Est-ce que ceux qui utiliseront ces profils de références pour leur identité et leur réputation professionnelles auront un avantage compétitif décisif par rapport à vous ?

Mais la question la plus importante est : en contrepartie de ce travail supplémentaire, quels sont mes bénéfices ? En voici quelques-uns :

- vous pouvez perdre le contact avec des personnes qui ont travaillé avec vous il y a plusieurs années. Loin des yeux, loin du cœur ! Il est plus facile d'obtenir une recommandation à la fin d'une mission, quand vous travaillez encore ensemble, plutôt que des années plus tard.
  Avec un profil de références professionnelles, vous disposez d'une plate-forme pour recueillir des recommandations tout au long de votre vie professionnelle. Mais surtout, vous gardez le contact avec les membres de votre réseau de références ;

- entre votre référence et, par exemple, un recruteur, il y aura un échange verbal. Dès que la conversation sera terminée, le contenu de cet échange aura disparu. Si vous sollicitez un autre recruteur ou un autre prospect, il faut recommencer le processus.
  Avec un profil de références professionnelles, le contenu d'une recommandation est écrit. Recommandation après recommandation, vous créez votre réseau de références ;
- dans un processus de recrutement, on vous demande vos références après un premier entretien. De même, dans un appel d'offres, les références sont vérifiées dans la phase finale du processus de sélection.
  Avec un profil de références professionnelles, vos références sont prises en compte dans le processus de présélection. Si vous êtes un consultant ou un freelance, vous aurez plus de chances de faire partie des deux ou trois prestataires retenus pour la phase finale du processus de sélection si vos références peuvent être facilement vérifiées au début du processus ;
- lorsqu'un recruteur ou un prospect contacte vos références, elles « perdent » un peu de leur précieux temps en répondant à ses questions. Vous ne pouvez donc pas sur-solliciter vos références par téléphone.
  Avec un profil de références professionnelles, vous demandez à vos références de rédiger un court texte de recommandation. Dans le cadre d'un recrutement, mais c'est aussi valable dans un appel d'offres, plus vous avez de recommandations, plus le recruteur ou le prospect sera capable de valider son ressenti à la suite de son entretien avec vous. Vos références seront moins sollicitées.

Pour ces quatre raisons principales, un profil de références professionnelles vous aidera à construire votre réseau de références et à gérer plus efficacement votre réputation.

Avoir plus de cinq cents contacts sur LinkedIn n'a aucune valeur en termes de gestion de votre réputation. Ce n'est pas la somme de vos contacts qui permet d'évaluer votre réputation, mais l'importance de votre réseau de références.

Vous ne faites pas votre profil de références pour vous, mais pour un public (recruteur, prospect). Vont-ils le prendre en compte ? Tout d'abord, il ne faut pas oublier que fournir des références à un recruteur n'est pas nouveau. C'est même obligatoire ! Ce qui est nouveau, c'est le support : un profil en ligne. Nous passons du téléphone à Internet. En dehors du support, il n'y a donc aucun changement, aucune évolution ou révolution dans le processus actuel.

Prenons l'exemple d'un recruteur lisant votre profil de références sur Internet, voilà ce qu'il pourrait penser de vous :

- « Ce candidat utilise un profil en ligne qui montre son réseau de références et ses recommandations. Il fait preuve de transparence. C'est une qualité professionnelle importante. »
- « Ce candidat a trouvé un certain nombre de personnes qui lui font confiance. Si d'autres lui font confiance, je peux probablement aussi lui faire confiance. »
- « Ce candidat est capable de travailler dans une logique de réseau. Son profil de références en fait la preuve à travers son réseau de références. Savoir travailler en réseau pour surmonter les problèmes est une qualité indispensable. »
- « Il me propose un profil original. Il montre qu'il n'a pas peur de sortir des sentiers battus, qu'il est potentiellement ouvert et créatif. »
- « Avec un outil nouveau et innovant, il me montre également sa capacité à prendre des initiatives. Il marque des points par rapport aux autres candidats. »
- « Avec son profil de références, ce candidat voit ce que l'on peut gagner plutôt que ce que l'on peut perdre. Une attitude positive est un comportement utile à la performance collective. »

Votre profil de références pourrait donc être pour vous une garantie d'employabilité et une solution anti-récession !

Chapitre 16

Comment rédiger une recommandation ?

Comme nous l'avons dit en introduction de cette partie 3, les recruteurs évaluent la réputation d'un professionnel à travers ses références et leurs recommandations. Quand les recommandations sont faites à l'oral, le format est celui de l'interview (questions – réponses). Les choses se compliquent quand nous passons à l'écrit. Il n'y a pas vraiment de norme ou de format imposé. Chaque référence écrit donc un texte libre selon son inspiration et surtout sa motivation car tout le monde n'est pas doué pour écrire ce type de contenu.

Face à la page blanche ou au champ de saisie, certains renoncent à écrire parce qu'ils ne savent pas comment formuler une recommandation. À l'école, nous apprenons à faire des dissertations, pas des recommandations !

Quels sont les différents types de recommandations ?

Que ce soit sur Internet ou sur une lettre de recommandation, les recommandations ont deux finalités :

- *recommandation de mise en relation (type 1)* : un tiers de confiance met en relation deux personnes de son réseau de contacts : « Je vous recommande de le rencontrer car j'ai confiance en lui. » Ces recommandations sont utilisées dans les processus de mise en relation propres à tous les réseaux sociaux professionnels comme LinkedIn. Ces recommandations sont utiles pour obtenir un entretien, une rencontre ;

- *recommandation de validation de compétences (type 2)* : elle décrit une action réussie, son contexte et les résultats obtenus. Après une mise en relation, ces recommandations permettent à un client, un prospect, un employeur ou un recruteur de valider vos compétences, aptitudes, qualités et de décider s'ils vont travailler avec vous.

Les recommandations de type 2 sont des recommandations de validation de compétences et non d'évaluation de compétences. Une recommandation de type 2 décrit uniquement une action réussie. Un professionnel est évalué à travers un entretien annuel et des entretiens intermédiaires qui font l'objet de comptes rendus selon un format classique : points forts, axes de progrès, plan d'action, etc.

Quand vous sollicitez vos références pour une recommandation de type 2, vous leur demandez de décrire une action réalisée ensemble et qui s'est terminée par une réussite. Pour votre référence, il s'agit de témoigner des points précis sur lesquels elle vous fait confiance.

Quels sont les différents formats de rédaction ?

Que ce soit sur Internet ou sur une lettre de recommandation, les recommandations peuvent être rédigées de deux manières :

- *format libre* : chacun écrit ce qui lui vient à l'esprit. Malheureusement, cela se limite parfois à : « Je vous recommande untel pour… » ;
- format CAR : il s'agit d'un format conçu par les professionnels de l'évaluation des compétences. La recommandation doit comporter trois parties : le contexte de l'action réussie,

la description de l'action réussie et les résultats obtenus (résultats quantitatifs et qualitatifs).

Les recommandations de type 1 (mise en relation) peuvent être rédigées au format libre ou au format CAR parce que c'est moins le contenu de la recommandation qui compte que le nombre de recommandations que nous pouvons obtenir. Sur LinkedIn, de nombreuses personnes déterminent si elles vont répondre à votre demande de mise en relation en fonction du nombre de vos recommandations. Mais, elles ne les lisent pas ! L'effet de masse va faciliter la décision.

Les recommandations de type 2 (validation de compétences) doivent impérativement être rédigées au format CAR.

Étant donné qu'il est difficile de gérer deux types de recommandation en même temps, étant donné que les recommandations CAR sont aussi pertinentes pour les mises en relation (type 1), il est préférable d'orienter le plus possible vos références vers le format CAR. C'est le 2 en 1 !

Les recommandations au format libre sont la solution de facilité, simples à rédiger : « Il est super-génial », mais elles ne vous aideront pas à aller au-delà de la mise en relation. Votre objectif final est de gagner des clients, d'être recruté pour le métier de vos rêves. La mise en relation n'est qu'un moyen, une étape dans le processus.

Si vous laissez vos références écrire vos recommandations dans un format libre, il est clair que dans quelques années vous verrez ceux qui ont des recommandations au format CAR vous passer devant et il sera trop tard pour faire machine arrière. Une référence est prête à faire une recommandation pendant que vous travaillez ensemble ou juste après. Des mois ou des années plus tard… c'est souvent trop tard !

Dès que vous sollicitez une recommandation, il faut impérativement expliquer à votre référence le format que vous souhaitez obtenir. Une fois que le texte est rédigé, c'est plus difficile de demander sa révision. On vous fait déjà une faveur ! Pour stimuler votre référence qui pourrait avoir du mal face à la page blanche, vous pouvez également lui suggérer quelques questions (tout en lui rappelant le format CAR) :

- Qu'avons-nous fait ensemble avec succès ?
- En quoi ai-je dépassé tes attentes ?
- Quels sont les aspects positifs de notre relation que tu souhaites mettre en avant ?

Si vous avez réussi plusieurs actions ensemble, demandez éventuellement à votre référence d'orienter sa recommandation sur une des actions qui est le plus en cohérence avec votre projet professionnel.

Recommandations sociales + Recommandations professionnelles = Réputation professionnelle ?

N'oubliez pas vos références sociales ! Les recommandations sociales apportent un éclairage sur vos qualités humaines, vos valeurs ou votre expertise dans un cadre social. Cet éclairage peut avoir une grande valeur ajoutée dans un cadre professionnel. Comme nous l'avons déjà dit, une recommandation sociale peut mettre en lumière : votre créativité, vos expertises cachées, vos qualités de leader au sein d'une équipe de sport, vos talents artistiques.

Vos recommandations : de l'or ou du plomb ?

Vous êtes très fier de vos 49,5 recommandations qui brillent sur votre profil de références professionnelles. Mais, êtes-vous assis sur de l'or ou du plomb ?

Si vous comptez utiliser vos recommandations pour construire votre réputation professionnelle et que la plupart de vos recommandations sont au format libre, alors vous êtes probablement assis sur du plomb. Il est temps de passer en revue chacune de vos recommandations pour en évaluer le format. Listez vos recommandations au format CAR et celles au format libre.

Pour toutes vos recommandations au format libre, il est pertinent de demander une révision de vos recommandations pour les mettre au format CAR. La plupart des services et réseaux que nous avons présentés le permettent y compris LinkedIn.

Cependant, il existe deux cas dans lesquels vous pouvez garder vos recommandations au format libre :

- si l'auteur de la recommandation est une personne connue dans votre secteur d'activité ou par le grand public : un auteur, un dirigeant, une personnalité ;
- si l'auteur est inconnu mais qu'il occupe une fonction importante dans une organisation qui est connue (DRH d'Air France par exemple). On s'appuie alors sur la marque de l'entreprise et non sur la marque personnelle de votre référence.

Dans ces deux cas, on peut imaginer que vous aurez une recommandation du type « Je recommande vivement M. Duchemol ». Mais, ce qui est important ce n'est pas le contenu de la recommandation, c'est la réputation (la notoriété) de l'auteur ou celle de l'organisation dont il fait partie. Concernant l'auteur, il ne s'agit pas forcément d'une personnalité nationale mais d'une personne connue et reconnue dans votre secteur d'activité.

À qui demander des recommandations ?

Habituellement, le manager (le chef !) fait une recommandation à son collaborateur (son subordonné). Est-ce que l'inverse est possible ? Oui, c'est même souhaitable ! Pour vous créer une marque personnelle forte dans des fonctions de manager, il est tout à fait pertinent de recueillir des recommandations des membres de votre équipe. C'est le seul moyen efficace de se créer une réputation « en tant que manager », qui soit à la fois validée par votre hiérarchie et vos collaborateurs.

L'objectif n'est pas de valider votre expertise technique (métier), mais votre aptitude à exercer des fonctions de manager, c'est-à-dire vos compétences managériales, votre maîtrise des techniques de management des hommes et de communication. Votre hiérarchique (*n* + 1) et vos collaborateurs (*n* – 1) sont les mieux placés pour vous évaluer ensemble en tant que manager.

C'est dans cette logique que de nombreuses entreprises ont mis en place des démarches d'évaluation des compétences à 360 degrés. À partir d'un référentiel de compétences (compétences techniques, relationnelles et managériales), les outils de type « 360° Feed-Back » organisent l'évaluation d'un manager par son hiérarchique (*n* + 1), ses collègues (*n*) et ses collaborateurs (*n* – 1). C'est pour cette raison que l'on parle de 360 degrés. Il s'agit de tout son entourage professionnel. Les outils de 360 degrés sont une manière pertinente et équitable d'évaluer votre réputation professionnelle.

Cependant, dans les cultures féodales et hiérarchiques, il y a un blocage culturel sur le fait qu'une personne de rang social inférieur (un collaborateur) puisse donner son avis (même positif) sur une personne de rang social supérieur (un manager). Dans d'autres cultures plus ouvertes et transversales, cela ne posera pas de problème.

Chaque pays, chaque entreprise, chacun de nous a sa propre culture, c'est à vous d'évaluer la situation. Cela dit, même dans une culture féodale, si vous prenez, en tant que manager, l'initiative de demander à vos collaborateurs des recommandations, cela ne devrait pas poser de problèmes puisque c'est vous le chef ! L'idéal est de les demander après avoir quitté vos fonctions (la date de la recommandation faisant foi), sinon un recruteur pourrait considérer que la recommandation est faussée par la pression hiérarchique du moment. C'est pour cette même raison que les évaluations à 360 degrés se font de manière anonyme ! En résumé, un collaborateur peut demander à son manager une recommandation à tout moment. Mais un manager ne peut pas demander des recommandations à ses collaborateurs tant qu'il est dans une position hiérarchique vis-à-vis d'eux.

Peut-on se fier à des recommandations rédigées sur un profil en ligne ?

Les recommandations rédigées sur un profil en ligne sont aussi fiables que des lettres de recommandation sur papier et inversement ! Il y a en effet des lettres de recommandations truquées parce qu'il existe des malhonnêtes. Comme nous l'avons déjà dit, notre société n'a pas trouvé le moyen de transformer les malhonnêtes en personnes honnêtes, que ce soit sur Internet ou ailleurs !

Cependant, sur Internet, les recommandations sont rédigées par un réseau de références. Il s'agit donc d'un collectif. Tricher sur une lettre de recommandation, c'est juste falsifier un document papier. Tricher dans un réseau de références, c'est créer un faux réseau social avec des fausses références, des fausses identités et beaucoup de fausses recommandations entre les membres de ce réseau. Donc, c'est beaucoup plus difficile à faire et beaucoup plus facile à repérer.

Chapitre 17

Comment surveiller votre réputation sur Internet ?

Ce chapitre vous aidera à comprendre pourquoi il est important de surveiller sa réputation sur Internet et comment le faire gratuitement sans aucune connaissance technique.

Vous êtes très prudent : vous ne laissez jamais votre nom sur Internet et, si vous faites une contribution, vous utilisez un pseudonyme. C'est votre façon de ne laisser aucune trace susceptible d'impacter votre réputation. Mais êtes-vous sûr que votre entourage ne vous cite pas nominativement (avec votre prénom et votre nom) sur des forums, blogs ou réseaux sociaux à l'occasion de la publication d'un livre, d'un commentaire, d'une photo ou d'une vidéo ?

Beaucoup d'internautes protègent leur réputation sur Internet en utilisant un ou plusieurs pseudonymes. Cependant :

- est-il vraiment possible de ne pas avoir d'identité numérique ? pouvons-nous vraiment être anonymes sur Internet ?
- est-il prudent de ne pas savoir ce qui se dit sur vous sur Internet ?

L'anonymat est devenu un mythe

« Pour vivre heureux, vivons cachés » ou « Pas vu, pas pris », voilà des dictons qui ne veulent plus rien dire sur Internet ! Vos amis, votre famille, vos collègues peuvent publier des contenus sur vous en vous citant nominativement. Vous avez bien fait attention de ne pas partager vos opinions politiques. Mais l'ami, avec qui vous discutiez dans un bar hier soir, s'enflamme sur son blog et vous cite : « Bernard Duglumo était d'accord avec moi, Sarko et Sego, ça se vaut ! » et pour illustrer son propos, il ajoute une photo où on vous voit tous les deux en train de boire des bières pour soigner votre déprime politique. Sur Facebook ou sur FlickR, en surfant sur les photos de vos amis, vous trouverez des photos sur lesquelles on vous voit. Chaque photo peut être commentée, exemple : « Il faisait chaud », « Un excellent resto » ou… : « On fumait un gros pétard ! » Certaines photos sont à accès restreint, d'autres sont en accès libre… Qu'on roule sur la route ou qu'on surfe sur Internet, les accidents n'arrivent pas toujours qu'aux autres.

L'anonymat sur Internet est devenu un mythe grâce ou à cause du Web 2.0. Le contenu est maintenant créé par les utilisateurs eux-mêmes. Cela permet à tout le monde de publier n'importe quoi en citant n'importe qui. Mais, rassurez-vous, le plus gros risque n'est pas que votre entourage (qui vous aime) publie des choses négatives ou neutres sur vous. Le risque, c'est que cela ne corresponde pas à votre marque personnelle, à votre identité professionnelle telle que vous l'avez définie dans la première partie de ce livre.

Si l'anonymat sur Internet est un mythe, cela ne veut pas pour autant dire qu'il est inutile. Écrire anonymement est parfois nécessaire pour pouvoir s'exprimer librement sur des questions sensibles (politique, religion, etc.). Il est aussi préférable de dissimuler son identité lorsque nous utilisons des sites de rencontres ou simplement pour cultiver notre jardin secret.

Être anonyme sur Internet peut devenir indispensable pour protéger votre carrière si votre employeur ne partage pas vos opinions. Il y a d'ailleurs un vrai problème d'éthique lorsque certaines entreprises ou recruteurs cherchent des informations dans des profils privés (sur Facebook par exemple). Ces entreprises qui ne respectent pas votre vie privée finiront par être connues et elles le payeront un jour en termes de détérioration du climat social et de difficultés dans le recrutement.

Comment surveiller votre réputation ?

Une surveillance permanente

Si votre anonymat n'est pas garanti, si votre image de marque peut souffrir, mieux vaut surveiller votre réputation sur Internet. *La surveillance doit être régulière car de nouveaux contenus sont publiés en permanence.* Tous les jours, vous devriez donc faire une requête dans un ou plusieurs moteurs de recherche sur votre prénom et votre nom. Votre recherche doit porter en particulier sur les blogs (*http://blogsearch.google.fr*), les forums, les groupes de discussions (*http://groups.google.fr*), les photos (*http://images.google.fr*) ou les vidéos (*http://video.google.fr*) – ou fonctions équivalentes sur Yahoo Search et Live Search. Mais, vous avez sûrement mieux à faire ! Heureusement, pour être alerté dès qu'un contenu est publié avec votre prénom et votre nom, il existe plusieurs services d'alertes qui sont très simples d'utilisation. Nous allons les présenter un peu plus loin.

Réagir rapidement

Lorsqu'on cite votre prénom et votre nom sur Internet, il est important de *réagir rapidement* pour vérifier que le contenu publié correspond à votre image de marque. Plus vous attendez, plus le contenu sera lu par un nombre croissant d'internautes. Ce contenu peut également être dupliqué à l'infini et échapper à votre contrôle.

Paramétrer vos critères de recherche

Pour surveiller votre réputation, vous pouvez utiliser un système d'alertes par e-mail ou par RSS (à condition de consulter vos flux RSS régulièrement !). Les services d'alertes doivent être paramétrés avec votre « Prénom Nom » entre guillemets. C'est le service minimum. Comme nous l'avons déjà dit dans le chapitre 9, pour élargir la recherche, pour aller plus loin, vous pouvez aussi chercher :

- votre surnom ;
- votre nom de jeune fille ;
- les abréviations de votre prénom (Frédéric, Fred ou F. par exemple) ;
- prenez en compte les fautes d'orthographe courantes sur votre nom ou prénom ;
- « Nom Prénom » en plus de « Prénom Nom » ;
- Prénom Nom sans guillemets ;
- vous êtes parfois cité à travers l'URL de votre blog ou de votre site personnel ou professionnel (surtout sur Twitter). Alors, il peut être utile de faire une recherche sur les URL qui sont en relation avec votre identité professionnelle ;
- votre Prénom ou votre nom + un nom de projet auquel vous avez participé ou un nom d'association, d'école, de ville ou d'entreprise dont vous faites partie (ou avez fait partie).

Sur vos alertes, vous pouvez aussi rajouter d'autres mots-clés pour être informé des nouveaux contenus en rapport avec votre expertise ou vos activités. Ces services ne sont pas dédiés uniquement à la surveillance de la réputation individuelle. Ils peuvent être utiles pour suivre l'évolution d'une affaire, obtenir des informations sur un concurrent ou un secteur d'activité, connaître l'actualité d'une personnalité, suivre les résultats d'une équipe sportive, etc.

Utiliser un lecteur de flux RSS

Surveiller votre réputation, faire une veille concurrentielle, développer votre expertise grâce aux contenus de la blogosphère sera une mission difficile si vous n'utilisez pas un lecteur de flux RSS (*Really Simple Syndication*). De quoi s'agit-il ?

Vous lisez régulièrement des blogs ou des sources d'information en ligne. À chaque fois, vous devez vous connecter sur chacun de ses sites. C'est long et vous ne savez pas si vous allez trouver quelque chose de nouveau. Certaines informations intéressantes ont pu disparaître de la page d'accueil.

Pour suivre plus facilement vos sources, il existe un lecteur de flux RSS intégré à votre navigateur : Internet Explorer 7 ou Firefox 3. Il détecte automatiquement la présence d'un flux RSS. En un seul clic sur l'icône orange dans la barre d'adresse, vous pouvez référencer un site comme vous le faites pour vos favoris. Netvibes (*www.netvibes.com*), Bloglines (*www.bloglines.com*) ou Google Reader (*www.google.com/reader*) sont également très efficaces et proposent plus de fonctionnalités.

Tous ces systèmes vont scruter vos sites favoris à votre place pour vous livrer dans une seule et unique interface l'ensemble des nouvelles informations publiées sur ces sites. Google appelle cela : « *Inbox of the web* ». C'est un peu comme Outlook mais au lieu de recevoir des e-mails, on reçoit les contenus de sites Internet.

Créer une cloison étanche entre votre vie personnelle et votre vie professionnelle

Les systèmes d'alertes décrits ci-dessous ne peuvent pas surveiller ce qui se dit sur des espaces privés, par exemple votre profil Facebook. Mais, comme il s'agit d'espaces privés, en théorie, personne ne devrait y avoir accès. Cependant, soyez vigilant car certains recruteurs et employeurs essayent de s'introduire sur ces espaces privés pour obtenir des informations confidentielles et personnelles. Cette possible intrusion dans votre vie privée nécessite un contrôle strict des « amis » que vous ajoutez sur vos profils dans les réseaux sociaux. En invitant ou en acceptant les invitations de vos collègues de bureau, de votre manager ou des personnes que vous ne connaissez pas vraiment, *vous ouvrez potentiellement une brèche dans le mur qui sépare votre vie privée et votre vie professionnelle.* Une fois la brèche ouverte, c'est votre réputation professionnelle qui peut être en danger.

Il n'y a pas de zone grise. Si vous utilisez Facebook pour le fun, il faut être très strict sur les demandes de connexion. Si vous utilisez Facebook pour promouvoir votre identité professionnelle, vous pouvez accepter toutes les demandes de connexion, mais dans ce cas, on doit trouver sur votre profil Facebook à peu près les mêmes informations que sur votre profil LinkedIn. Dans votre tête, LinkedIn doit être égal à Facebook en termes de comportements et de publications.

Le « Wall » de Facebook, sorte de mini-forum de discussion est en général le lieu le plus croustillant pour un recruteur en mal d'informations sur vos mœurs. Vos amis s'y expriment librement, et souvent trop librement, dévoilant des éléments de votre vie privée et de vos activités extra-professionnelles.

Cependant, Facebook vous donne les moyens de créer cette cloison entre votre vie privée et professionnelle. Vous pouvez créer un groupe « pro » et un groupe « perso » afin de répartir l'ensemble de vos contacts entre ces deux groupes. Ensuite, il ne vous reste plus qu'à décider des droits d'accès pour chaque groupe sur chaque élément de votre profil Facebook. Vous pouvez décider par exemple que le groupe « pro » n'aura pas accès à votre mur, ni à vos albums photo, ni aux applications ludiques que vous utilisez. Facebook a donc tout prévu… pour s'imposer sur le marché des réseaux sociaux professionnels et se mettre en position de prendre la place de Linkedin ! Mais, cette gestion de l'affectation des contenus impose une vraie gymnastique de l'esprit. En effet, certains collègues sont maintenant aussi vos amis, dans quel groupe les affecter ? Certes, vos contacts professionnels n'ont plus accès à votre « Wall » ou à la mise à jour de votre statut (« Que faites-vous ? ») mais, du coup, votre profil est beaucoup moins interactif. Comme nous l'avons dit dans le chapitre 7, la mise à jour de votre statut est un excellent moyen de communication pour faire vivre votre réseau de contacts. Si toutefois, vous voulez tenter l'aventure, après avoir créé vos deux groupes, allez sur *Paramètres > Paramètres de confidentialité > Profil*. Ensuite, n'oubliez pas de paramétrer l'accès aux applications ainsi que les droits d'accès à vos albums photo.

D'une manière générale, vous ne perdrez jamais votre temps en appelant votre entourage social ou professionnel à faire preuve de « bon sens numérique » lorsqu'il publie des photos ou des contenus qui vous concernent sur leur propre espace. Nous pourrions appeler cela de la prévention routière numérique ! Définir un code de la route numérique fait partie des objectifs de ce livre.

Les services d'alertes gratuits

Google alertes

Le service est ouvert à tous, y compris ceux qui n'ont pas de compte Gmail. Cependant, pour créer une alerte, vous devez d'abord créer un compte sur Google (*http://www.google.com/accounts/NewAccount*). Les alertes sont disponibles par flux RSS ou sont envoyées à l'adresse e-mail que vous avez utilisée pour créer votre compte.

Pour chaque alerte créée, vous devez spécifier :

- les termes recherchés (par exemple « Prénom Nom ») ;
- le type de contenu recherché : Actualités, Web, Groupes ou Tous les types. Il est préférable de choisir l'option « Tous les types » ;
- la fréquence d'envoi d'une alerte : une fois par jour, une fois par semaine ou selon l'actualité.

Ce service vous alerte à chaque fois que Google référence dans son moteur de recherche un nouveau contenu. Étant donné que Google est le moteur de recherche le plus utilisé, c'est un choix intéressant pour faire votre veille. Cependant, Google n'indexe pas forcément tous les contenus. Leur système d'alertes n'est donc pas fiable à 100 %, en particulier pour les photos et vidéos où la recherche manuelle est toujours pertinente. Visitez *http://images.google.fr* et *http://video.google.fr*, puis comparez les résultats avec les alertes que vous recevez.

Google repère les nouvelles publications très vite. Pour réduire le « bruit », Google Alertes vous permet d'exclure des mots-clés de votre recherche en faisant précéder le terme par le signe « - ». On appelle cela un mot-clé négatif. À titre d'exemple, voici le format de l'alerte de Jean-François Ruiz qui a plusieurs homonymes (dont un guitariste et un journaliste informatique) : ["jean francois ruiz" -bowling -01net -01 -cuevas -vallee -guitare -roussillon].

Les filtres permettent de retirer de vos alertes les contenus produits par vous-même ou ceux concernant un homonyme. Par exemple, si vous avez un homonyme spécialisé dans le domaine de l'immobilier et que vous êtes spécialisé dans le domaine de l'automobile, il est important de pouvoir créer un filtre pour exclure des résultats les mots courants du secteur de l'immobilier. Ainsi, vous recevez uniquement les alertes qui vous concernent. Les filtres sont souvent plus complets et sophistiqués dans les services payants. Site : *http://www.google.com/alerts*

Surveillez la blogosphère !

La blogosphère, terrain de jeu du Web 2.0, mérite une attention particulière. Pour des alertes ciblées, vous pouvez utiliser l'un des services suivants :

- **Google Blog Search** : lancez une recherche sur votre prénom et nom dans ce moteur. Vous trouverez un flux RSS directement dans la barre d'adresse de votre navigateur. Ce flux vous permettra de suivre les nouvelles publications concernant votre prénom et votre nom dans la blogosphère. Ce moteur est très efficace et le référencement vraiment rapide. Il n'y a pas d'alertes par e-mail. Site : *http://blog-search.google.com/* ;

- **Technorati** : Technorati est un moteur de recherche spécialisé sur les blogs. Lancez une recherche, et une fois que les résultats sont affichés, vous avez le bouton « *Subscribe* » en haut à droite. Cliquez sur ce bouton pour ajouter un flux à votre lecteur RSS. Vous pouvez aussi créer des alertes depuis votre profil Technorati (si vous avez ouvert un compte personnel). Cliquez sur « *Edit* » pour éditer votre profil, puis cliquez sur l'onglet « Extra » et enfin vous pourrez créer une « *Watchlist* » sur votre profil.
  Comparés à Google Blog Search, les résultats fournis sont très médiocres… une vraie passoire ! On peut même se demander si Technorati fournit des résultats… Aucun doute que Technorati est un outil très pertinent pour certains types de recherche, mais pour le Personal Branding, cela ne fonctionne pas ; en tout cas pas pour l'instant. Site : *http://www.technorati.com* ;
- **Icerocket Blog Search** : même système que sur Google Blog Search. Icerocket est parfois complémentaire de Google. L'utilisation des deux en parallèle peut être utile, mais n'est pas forcément indispensable car les performances de ces deux moteurs sont équivalentes. Site : *http://www.icerocket.com* ;
- **Co-comment** : co.comment est un service qui permet de suivre les conversations qui commencent après la publication d'un billet sur un blog. Cela vous alerte des nouveaux commentaires qui sont publiés sur un billet particulier. Il suffit de s'inscrire sur Co-comment puis d'ajouter la conversation dans vos favoris. Vous serez ensuite alerté des nouveaux commentaires. Cela dit, de nombreux blogs

proposent la possibilité d'être alerté des nouveaux commentaires par flux RSS ou par e-mail à la fin du billet. Site : *http://co.mments.com* ;

- **Tweetbeep** : Tweetbeep permet de surveiller la microblogosphère ! (*cf.* Twitter que nous avons déjà présenté). Tweetbeep fonctionne exactement comme Google Alertes mais uniquement sur les contenus de Twitter. Vous pouvez aussi créer des alertes directement sur Twitter à partir de son propre moteur de recherche : http://search.twitter.com. Après avoir fait une recherche, vous verrez en haut à droite de l'écran « *Feed for this query* ». Site : *http://tweetbeep.com.*

Les services d'alertes payants

Il s'agit d'une sélection de services car l'offre est bien plus grande :

- **Online Reputation Monitor (Distilled)** : ce service propose un système d'alertes sur des mots-clés. Il existe un système de filtres. Le service en images : *http://reputation.distilled.co.uk/pages/screenshot*. Les différentes offres sont décrites ici : *http://reputation.distilled.co.uk/pages/pricing* (prix en *livres*) - soit pour l'offre de base 9,99 USD par mois. Site : *http://reputation.distilled.co.uk/* ;
- **ReputationHQ** : un service assez proche de « Online Reputation Monitor », mais avec des prix qui débutent à 49,95 USD par mois. Site : *http://www.reputationhq.com* ;
- **ReputationDefender** : pour 9,95 USD par mois, ReputationDefender recherche les contenus qui vous concernent sur Internet (réseaux communautaires, blogs, sites d'informations, réseaux de partage d'images, de vidéos et de musique). Ce service vous propose également de « détruire » le contenu qui vous gêne pour 29,95 USD par item à supprimer. Nous en reparlerons dans le prochain chapitre (défendre votre réputation). L'offre de service est décrite en détail

ici : *http://www.reputationdefender.com/myreputation*. Site : *http://www.reputationdefender.com/* ;

- **Copernic Agent Professional** : à la différence des autres services présentés, il ne s'agit pas d'un service en ligne, mais d'un logiciel qui s'installe sur votre poste de travail. Copernic Agent Professional consulte simultanément plus de mille moteurs de recherche, combine leurs résultats et supprime les résultats identiques. Copernic propose un système de veille avancé :
  - veille de pages Web pour détecter les changements de contenus ;
  - veille de recherches pour repérer de nouveaux résultats.
- Il existe plusieurs versions du logiciel, mais seul Copernic Agent Professional vous alerte par e-mail des nouveaux résultats. Les autres versions moins chères ne proposent pas cette fonction et du coup, c'est sans intérêt car il est peu probable que vous ayez le temps de lancer cette recherche tous les jours.
- Le prix de 79,95 euros/USD est assez élevé, mais cela revient à un abonnement de huit mois pour les services qui vous facturent 10 USD par mois. Attention, le logiciel fonctionne uniquement avec les plates-formes suivantes : Windows XP/2000/NT/Me/98/95. Le service client n'est pas en mesure de donner une date de mise à jour du logiciel pour Vista. Cependant, l'éditeur nous a informés que leur logiciel fonctionnait quand même sur Vista, sauf pour le système d'alertes par e-mail. Donc, si vous êtes sur Vista, passez votre chemin… Pour avoir un aperçu et faire un test sans risque, vous pouvez télécharger une version gratuite : *http://www.copernic.com/fr/products/agent/index.html*. Site : *http://www.copernic.com* ;
- **iGooq (Filteris)** : iGooq est un service haut de gamme réservé aux dirigeants et personnalités publiques. Lorsqu'une personne fait appel à iGooq pour comprendre

son image sur le Web, un consultant définit d'abord les différents registres dans lesquels s'intègre cette personne, pour pouvoir ensuite la comparer à d'autres personnes qui se classent dans les mêmes registres. Cette étude comparative permet de paramétrer les outils informatiques de Filteris pour calculer différents indicateurs de mesure. Les résultats sont finalement synthétisés dans le rapport qui est remis au client. Le prix de l'analyse dépend des besoins du client en termes de compréhension de son image Web : paramètres de l'analyse, indicateurs sélectionnés, fréquence de l'analyse... Le coût d'une analyse Buzz, par exemple, se situe entre 1 000 USD et 6 000 USD. Site : *http://www.igooq.com* ;

- **Trackur** : ce service est bien fait, avec un système de filtres sophistiqués, des alertes par e-mail ou RSS. Il a été lancé par Andy Beal, auteur du livre *Radically Transparent* (*www.radicallytransparent.com*) et expert de la gestion de la réputation en ligne pour les entreprises. On peut essayer le service gratuitement pendant quatorze jours. Les prix vont de 18 USD par mois pour un service de base jusqu'à 188 USD par mois. Site : *http://www.trackur.com/.*

Que choisir ?

Les services payants offrent beaucoup plus de valeur ajoutée que les services gratuits. En général, l'agrégation des contenus est plus conviviale, mais surtout ils proposent des filtres sophistiqués qui sont très utiles pour ne pas perdre du temps à lire un contenu qui ne vous concerne pas.

Pour le mode gratuit, le minimum serait une combinaison de Google Alertes + Google Blog Search.

Pour les services payants, Copernic Agent Professional est un bon choix puisque vous payez 80 USD une seule fois au lieu d'un abonnement mensuel qui peut devenir très coûteux dans la durée. Cependant, l'utilisation de ce logiciel peut être assez complexe pour les profanes. Contrairement à la plupart des offres, il faut prévoir un certain temps d'auto-formation et prier pour que le logiciel soit un jour disponible sur Vista. L'absence de mise à jour pour Vista est quand même inquiétante...

Le choix entre gratuit et payant dépend de votre perception de la valeur ajoutée d'une veille sur votre prénom et nom et de votre évaluation des risques qui pèsent sur votre réputation numérique (voir dans le chapitre suivant : « Êtes-vous une personne à risque ? »). Surveiller votre réputation sur Internet aura probablement plus d'importance si vous êtes dirigeant, consultant, freelance ou chercheur d'emploi que si vous êtes fonctionnaire ou retraité.

Il manque clairement un service payant à forte valeur ajoutée ciblé sur les particuliers avec un tarif attractif autour de 3 USD à 5 USD par mois. Pour l'instant, ce marché vise principalement les entreprises et les prix sont en conséquence... Dommage !

D'une manière générale, le marché est émergent et les offres sont plus que perfectibles. Les tests ont été réalisés sur les six derniers mois de l'année 2008 et les résultats étaient globalement incertains et approximatifs. On comprend pourquoi quand on analyse la complexité du défi : chercher chaque jour une aiguille dans une meule de foin...

Chapitre 18

Défendre sa réputation numérique

Défendre votre réputation, que ce soit dans votre vie ou dans votre vie numérique, n'est pas une mince affaire, même si vous n'avez rien à vous reprocher !

Avant d'aller plus loin, il est nécessaire de rappeler la définition du mot « réputation » présentée au début de cette partie. Réputation vient du latin *reputatio* qui signifie « évaluation ». La réputation est une évaluation sociale, ou plus simplement l'opinion d'une ou plusieurs personnes sur une autre. Une opinion est un jugement de valeur. Elle a une dimension subjective.

Cette définition induit *de facto* l'idée que tôt ou tard, il faudra protéger sa réputation.

Mythes et réalités

Vous n'avez jamais eu d'histoires avec personne. Vous n'avez pas le moindre souvenir d'une personne qui aurait cherché à vous nuire. Vous pensez donc que la lecture de ce chapitre ne vous concerne pas. Mais le monde a changé. Vous ne maîtrisez plus totalement votre destin… surtout s'il est numérique !

Comme nous l'avons dit, votre réputation ne dépend pas uniquement de ce que vous écrivez ou publiez, mais également de ce que les autres écrivent sur vous. Nul besoin d'être attaqué, il suffit juste que l'on parle de vous avec votre prénom et votre nom. Vous en doutez ? Comment imaginer que notre réputation numérique puisse détruire notre réputation « physique » (non numérique). Tout simplement impensable ! Pourtant, fin août 2008, la blogosphère nous livre l'histoire de Ronald qui publie sur son blog un billet avec un titre étrange : « Lionel Jospin m'a tué. » Ronald est un militant au Parti socialiste. En octobre 2006, il visite le blog de Lionel Jospin en pleine campagne électorale. Il lit un billet et décide de publier avec son vrai nom un commentaire et il termine son texte avec une question. Plutôt que de répondre à cette question dans les commentaires comme il est d'usage dans la blogosphère avec un « @Ronald », Lionel Jospin décide de publier sa réponse dans un nouveau billet avec comme titre « Réponse à Ronald… ». Le nom complet de Ronald se retrouve dans le titre du billet et comme le titre sert aussi à l'URL du billet, son nom se retrouve aussi dans l'URL. Or les moteurs de recherche indexent les pages en regardant prioritairement le contenu de l'URL et le titre de la page web. Le blog de Lionel Jospin est par ailleurs bien référencé du fait de son PageRank (nombre de liens croisés – *http://fr.wikipedia.org/wiki/PageRank*). Résultat, quand un recruteur tape le prénom et le nom de Ronald, ce n'est pas son profil ou son CV en ligne qui apparaît dans les premiers résultats, mais le billet de Lionel. Depuis ce jour-là, Ronald n'a plus obtenu aucun entretien d'embauche… Il ne comprenait pas pourquoi jusqu'au jour où (par pitié ?) un recruteur a bien voulu lui dire la vérité et lui a expliqué le pourquoi de sa situation. Deux années de recherche d'emploi infructueuses et il termine son témoignage ainsi : « Toujours est-il que depuis cette date [octobre 2006], c'est le désert, la fin des indemnités chômage et le début de la vraie précarité, celle des petits boulots, des piges ici ou là, de la recherche du contrat, de la prestation. » Triste histoire où se mêle discrimination à l'embauche, malchance et surtout réputation numérique.

Faire de la politique sur Internet avec son vrai nom et son vrai prénom est terriblement dangereux, surtout dans un pays où les confrontations idéologiques sont parfois brutales. Ronald doit maintenant essayer de défendre sa réputation :

- comment faire disparaître ce billet ?
- comment faire pour qu'il n'apparaisse pas dans les premiers résultats sur Google ?

Nous répondrons à ces questions un peu plus loin. Mais ce qu'il faut comprendre avant tout est que l'objectif de Ronald n'est pas de faire disparaître la vérité, mais de faire apparaître toute la vérité. En effet, Ronald n'est pas seulement un militant politique, un citoyen actif. Ronald est aussi un professionnel qui peut être très performant dans une entreprise. Il doit faire en sorte qu'Internet ne renvoie pas de lui uniquement l'image d'un militant. C'est l'objet de ce chapitre.

Le droit à l'oubli est devenu un mythe

Nous avons tous le droit de faire des erreurs. Nous cherchons tous à les corriger quand nous les découvrons. Vous faites le pitre sur la place publique, dans quelques semaines personne ne s'en souviendra. Par contre, ce que vous écrivez nominativement à vingt ans sur Internet peut vous rattraper des années plus tard. Pour Ronald, cela a pris encore moins de temps. L'effet a été immédiat. Apprendre à surveiller, et si nécessaire, à défendre sa réputation numérique deviendra bientôt aussi important que d'apprendre à lire et écrire.

Notre vie numérique nous offre quelques avantages. Par exemple, en surveillant efficacement votre réputation numérique, vous avez les moyens de savoir tout ce qui se dit sur vous. Alors que dans la vie réelle, vous pouvez très bien avoir une très mauvaise réputation sans même le savoir. Quand une personne attaque votre réputation sur Internet, elle le fait forcément d'une manière publique. En effet, si ce n'est pas public, cela n'a pas beaucoup d'intérêt ! C'est un peu comme si vous parliez tout seul dans la rue.

Contrepartie de cet avantage, l'attaque se fait par écrit, par des images ou vidéos qui malheureusement ont la propriété de pouvoir se dupliquer à l'infini (par un simple copier-coller comme sur Word) et qui sont enregistrés parfois pour l'éternité grâce à des sites comme *http://www.archive.org* (attention, pas de « s » dans l'URL sur le mot archive). Les fondateurs du site archive.org ont appelé leur projet la « waybackmachine » la machine à remonter le temps ! Archive.org stocke à différentes dates des copies de très nombreux sites. La sélection se fait en fonction du niveau d'activités du site et de sa notoriété. Archiver répond à un vrai besoin. Vous pouvez retrouver le contenu d'un site plusieurs années en arrière. C'est une sorte de musée des sites Web. Mais de ce fait, même si vous obtenez la suppression d'un contenu, il est possible qu'il reste en archive sur ce type de site.

Avons-nous un droit à l'oubli ? en théorie, oui ! en pratique, non ! *www.archive.org* est là pour le rappeler. Fini le droit à l'oubli des erreurs du passé, il faut assumer pour l'éternité. Juste ou injuste, c'est notre vie… numérique qui nous l'impose.

Internet est une formidable machine à trouver la vérité (par les consensus qui émergent sur des sujets ou des événements), mais c'est aussi une formidable machine à conserver le mensonge une fois qu'il est mis par écrit. Par ailleurs, plus l'information concernant une personne est négative, plus elle circulera vite et plus elle se dupliquera, comparé à une information neutre ou positive.

Êtes-vous une personne à risque ?

Quels sont les risques que vous viviez une expérience similaire à celle de Ronald ? Pour la plupart d'entre nous, il est vrai que le risque est très faible. Mais, il y a des personnes à risque. Il s'agit des personnes qui s'exposent, soit à travers leurs fonctions (dirigeants, managers, artistes, politiciens, etc.), soit à travers leurs prises de position publiques (leaders d'opinions, auteurs, blogueurs, etc.). Si vous n'êtes pas une personne à risque, il y a très peu de chances que vous ayez un jour à défendre votre réputation, mais vous n'êtes pas à l'abri des maladresses de votre entourage proche.

Dans le cadre de la construction de votre marque personnelle, vous avez besoin d'être visible car c'est la première étape avant de pouvoir montrer en quoi vous êtes différent de vos concurrents. Vous ne cherchez pas à être visible par les apparences : qualité de votre photo, charte graphique de votre profil en ligne... un peu comme dans un défilé de mode. Vous êtes un professionnel, vous voulez rendre visible votre identité professionnelle (aptitude métier, expertise, qualités). Vous pouvez le faire à travers un CV papier, mais c'est quand même beaucoup moins efficace qu'avec un blog, des articles, etc., des contenus publiés sur divers supports.

Avec un CV papier, vous êtes à l'abri. Mais, en publiant du contenu sur Internet, vous vous exposez.

Si vous avez un blog par exemple, vous pouvez subir des attaques directes dans les commentaires de vos billets. Un autre expert va venir vous donner une leçon, vous expliquer la vraie vie. Si vous avez le malheur de supprimer son commentaire alors qu'il n'est pas insultant ou diffamatoire mais simplement dérangeant, vous ferez comme le dictateur qui opprime l'opposition et vous vous créerez une belle réputation. Celui que vous avez « supprimé » ira sur son propre blog dire que vous l'avez censuré.

Vous pouvez aussi subir des attaques liées à la déformation de vos propos. Cela arrive souvent quand vous êtes cité. Un blogueur ou un journaliste reprend un morceau de texte qui est sorti de son contexte et qui peut donc donner lieu à des interprétations erronées. Par exemple, vous prenez un extrait de ce livre : « Le pire qui puisse vous arriver sur Internet n'est pas de laisser des traces négatives pour votre réputation à travers un blog ou un forum. Le pire serait que l'on ne trouve aucune trace de vous, que vous n'ayez pas de réputation numérique. » Quelques jours plus tard, vous retrouvez ce texte repris par un blogueur qui explique scandalisé que ce texte signifie que ceux qui n'ont pas de réputation numérique cherchent à se cacher parce qu'ils ont une mauvaise réputation. Extraire une phrase hors de son contexte est la voie ouverte à toutes sortes d'interprétations. On peut ainsi vous faire dire exactement le contraire de ce que vous avez dit et nuire à votre réputation.

Lorsque vous publiez un contenu, sur Internet ou ailleurs, il est très important de prendre le temps de réfléchir aux différentes interprétations. C'est une raison supplémentaire de surveiller votre réputation, même quand *a priori* personne ne cherche à vous nuire. Déformer vos propos, les sortir de leur contexte, en faire des interprétations, ce sont des attaques indirectes auxquelles il faut savoir répondre.

Quand faut-il se défendre ? sur quoi ?

Nous pouvons nous défendre dans les trois cas suivants.

Atteinte à la vie privée

En France, l'article 9 du code civil dispose que « chacun a droit au respect de sa vie privée ». Les domaines inclus dans la protection de la vie privée comprennent essentiellement l'état de santé, la vie sentimentale, l'image, la pratique religieuse, les relations familiales et, plus généralement, tout ce qui relève du comportement intime. L'atteinte à votre vie privée est donc répréhensible.

Toute victime d'une atteinte à la vie privée peut obtenir du juge :

- des mesures propres à limiter la diffusion de l'atteinte (saisie, séquestre, suppression des passages litigieux, publication d'un encart, astreinte...) ;
- des dommages-intérêts pour indemniser le préjudice subi ;
- l'insertion de la décision de justice dans la presse.

Cependant, la frontière entre la vie privée et la vie publique n'est pas simple. Il y a une jurisprudence abondante et très complexe. Consulter un juriste peut être une bonne idée.

Atteinte à l'image

Il existe deux cas :

- capter ou diffuser l'image ou la voix d'une personne lorsqu'elle se trouve dans un lieu privé sans son consentement ;
- même chose lorsque la personne se trouve dans un lieu public. Il est fortement conseillé d'obtenir son consentement avant de diffuser, surtout s'il est possible de l'identifier.

Le droit à l'image des personnes est directement lié au droit à la vie privée. L'atteinte à la vie privée est réalisée du seul fait de l'atteinte à l'image d'une personne. Toute personne a le droit d'autoriser ou d'interdire la diffusion et la publication de sa photo. En d'autres termes, nous devons obtenir l'autorisation de la personne représentée sur l'image.

Délits dits « de presse » : injure ou diffamation

La diffamation

La diffamation consiste à divulguer des faits qui sont faux et qui portent atteinte à l'honneur et à la considération d'une personne (physique ou morale).

En France, elle est définie juridiquement à l'article 29 de la loi relative à la liberté de la presse du 29 juillet 1881 :

> « Toute allégation ou imputation d'un fait qui porte atteinte à l'honneur ou à la considération de la personne ou du corps auquel le fait est imputé est une diffamation. La publication directe ou par voie de reproduction de cette allégation ou de cette imputation est punissable, même si elle est faite sous forme dubitative ou si elle vise une personne ou un corps non expressément nommé, mais dont l'identification est rendue possible par les termes des discours, cris, menaces, écrits ou imprimés, placards ou affiches incriminés. »

Pour en savoir plus : *http://fr.wikipedia.org/wiki/Diffamation.*

L'injure

L'injure consiste à porter atteinte à l'honneur et à la considération d'une personne (physique ou morale) sans alléguer aucun fait. En France, elle est définie juridiquement à l'article 29 de la loi relative à la liberté de la presse du 29 juillet 1881 :

> « Toute expression outrageante, termes de mépris ou invective qui ne renferme l'imputation d'aucun fait est une injure. »

Une injure est une parole offensante adressée à une personne dans le but de la blesser délibérément. La différence avec la diffamation est que l'on ne s'appuie pas sur des faits, qu'ils soient réels ou inventés. Pour en savoir plus : *http://fr.wikipedia.org/wiki/Injure.*

Ces trois cas (vie privée, image et délits de presse) sont condamnés par la loi, mais l'appréciation du caractère illicite des propos est souvent délicate. Où commence l'atteinte à la vie privée ? Quelle est la différence entre une opinion négative et la diffamation ? Il est indispensable de s'appuyer sur des faits précis et non une simple accusation vague et générale, surtout pour la diffamation. La jurisprudence (ensemble des décisions de justice) est vaste sur le sujet et très complexe.

En cas de désaccord entre les parties sur l'appréciation du caractère illicite des propos, il faut malheureusement entamer une procédure judiciaire. C'est le juge qui tranchera.

Dans tous les cas, il faut absolument conserver les preuves, idéalement par constat d'huissier. Ce constat permet de conférer une date certaine aux preuves. En effet, les délits de presse ainsi que le droit de réponse se prescrivent par trois mois à compter de la diffusion. La prescription est un mécanisme juridique qui vous interdit d'agir en justice un certain temps après la date du délit. D'où l'importance de surveiller régulièrement ce qui est publié sur Internet. Il est fréquent que l'on découvre des propos diffamatoires après l'expiration du délai pour agir en justice.

La liberté d'expression

La loi protège efficacement la liberté d'expression dans la plupart des démocraties. Il est donc possible qu'une personne vous critique et que cela soit légal. Il existe aussi un droit à l'information qui rend très difficile la suppression d'articles relatant des condamnations par exemple.

Nul n'est censé ignorer la loi, mais qui la connaît vraiment ? Surtout quand elle s'interprète par une jurisprudence abondante. L'avis d'un juriste ou d'un avocat sera probablement nécessaire pour analyser votre situation.

Comment défendre sa réputation ?

Nous allons maintenant présenter des outils et méthodes pour défendre efficacement votre réputation. Rien de nouveau s'il s'agit de votre vie, mais une fois de plus rien de simple si c'est votre vie numérique !

À l'amiable

Avant d'aller en justice, il est plus que préférable d'obtenir le retrait du contenu à l'amiable. Il s'agit d'écrire à l'auteur du site en lui demandant de retirer les contenus, de les modifier ou de publier un droit de réponse.

Votre demande doit être non seulement amiable, mais aussi aimable ! Cette demande peut mentionner votre intention d'agir en justice si rien n'est fait. Mais, il peut être judicieux de réserver les menaces pour un second courrier plus musclé, voire envoyé directement par votre avocat. L'objectif de cette action en deux temps est de ne pas braquer votre interlocuteur avec des menaces et de le prendre d'abord par les « sentiments ». Mieux vaut jouer profil bas, user de politesse, décrire la situation « dramatique » pour votre réputation avant de sortir le bazooka.

Si votre nom est mentionné directement dans l'URL de la page, il faut aussi demander à ce que l'URL soit modifiée (*cf.* cas de Ronald). À vous ou à l'auteur de terminer le travail en faisant une demande de réindexation à Google via ce formulaire : *http://www.google.fr/addurl/?continue=/addurl* (*idem* sur les autres moteurs de recherche).

À défaut de modification ou de suppression, vous pouvez faire valoir votre *droit de réponse*. C'est un recours qui permet à une personne qui a été mentionnée dans un média de soumettre au média en question un message de réponse. Si le recours est accepté à l'amiable ou par décision de justice, le média publiera la réponse.

En France, la loi pour la confiance dans l'économie numérique précise que les blogs doivent publier un droit de réponse au même titre que les autres médias. Les forums et wikis sont dispensés de publier un droit de réponse puisque chacun peut publier librement sur ces supports. C'est par exemple le cas sur Wikipédia.

S'il s'agit d'un article de presse, on peut se heurter à la liberté de la presse. Il faut adresser sa demande de droit de réponse au directeur de la publication qui est obligatoirement identifié sur le site du journal.

Pour en savoir plus : *http://fr.wikipedia.org/wiki/Droit_de_reponse*.

Demander un droit de réponse est pertinent surtout s'il est difficile de démontrer une violation de la loi. Par ailleurs, il est important de publier votre réponse à côté du contenu qui vous gêne car si vous le faites sur votre propre site, vous ne ferez qu'attirer encore plus l'attention sur ce contenu gênant.

En justice

Si vous n'obtenez pas de réponse ou si cette réponse est négative, il faut saisir la justice. Vous serez probablement obligé d'utiliser les services d'un avocat. Mais avant de vous engager dans une procédure, il est important d'évaluer vos chances de succès :

- si l'auteur du site réside dans le même pays que vous et que l'on connaît son identité, ce sera simple ;
- si l'auteur est inconnu, mais que son site est hébergé dans votre pays. Il faudra essayer d'obtenir l'identité de l'auteur et la suppression du contenu via l'hébergeur du site. Cependant l'hébergeur ne supprimera le contenu que si le caractère « manifestement illicite » du contenu lui a été notifié. Mais si vous dites à un hébergeur qu'il héberge un contenu illicite et que ce n'est pas le cas, vous engagez votre propre responsabilité pénale (procédure abusive). Alors prudence !
- si l'auteur et l'hébergeur sont localisés à l'étranger, il existe des recours mais les chances de succès sont très faibles et les coûts importants. Alors, il faut vraiment que l'atteinte à votre réputation soit majeure.

Pour connaître le nom du propriétaire d'un nom de domaine et l'hébergeur du nom de domaine, il faut consulter le Whois (de l'anglais « *Who is ?* »). Voici quelques sites :

- www.domaintools.com
- www.whois.is
- www.whois.net

Sur le mode de fonctionnement du Whois : *http://fr.wikipedia.org/wiki/Whois.*

Quelques remarques complémentaires :

1. La justice est souvent très lente. Un procès en diffamation peut durer jusqu'à deux ans.
2. Vous pouvez demander à un hébergeur de fournir l'identité de l'auteur d'un contenu qu'il héberge, mais cela suppose de s'adresser préalablement au tribunal. L'hébergeur ne peut pas diffuser des données personnelles à la demande d'un particulier.
3. Une internaute avait saisi la justice française pour obliger Google à effacer de ses serveurs des messages postés sur le réseau de *newsgroups* « Usenet ». Le 20 mai 2008, le tribunal de grande instance de Paris a rejeté sa demande, estimant que la loi française ne s'appliquait pas aux serveurs américains, mais aux seuls responsables de traitement de données personnelles établis en France.
4. N'oubliez pas que la lettre que vous envoyez pour demander le retrait du contenu peut être scannée et publiée si l'auteur estime votre demande abusive. Si le public est d'accord avec lui, cela n'arrangera pas votre réputation.
5. Des procédures d'arbitrage international ont été créées pour pallier l'impuissance des juridictions nationales. Vous pouvez utiliser les procédures suivantes :
   - PARL (procédures alternatives de résolution de litiges) pour les noms de domaine en .fr ou .re (« re » pour La Réunion) – Voir *http://www.afnic.fr/doc/ref/juridique/parl/*;

- ADR (*Alternative Dispute Resolution*) pour les noms de domaine sous .eu – *Voir www.adreu.eurid.eu* ;
- UDRP (*Uniform Dispute Resolution Policy*) pour les noms de domaine génériques et quelques noms de domaine pays – Voir *http://en.wikipedia.org/wiki/UDRP.*

Les techniques de nettoyage

L'amiable a échoué. La voie judiciaire est aléatoire. Heureusement, des services de nettoyage existent et vous permettent (ou plutôt vous promettent) d'effacer les traces négatives pour votre réputation sur Internet. Et s'il est impossible de les supprimer, ces services vont chercher à dissimuler/noyer les traces négatives sous une masse de traces positives.

Il existe donc deux techniques que vous pouvez mettre en œuvre vous-même ou en faisant appel à une entreprise spécialisée (voir plus bas la description des offres).

Première technique : supprimer l'information

L'envoi d'une demande

Cela reprend le principe de la demande amiable (et aimable) dont nous avons déjà parlé. Il suffit simplement d'écrire à l'auteur du contenu ou à l'hébergeur du contenu et lui demander de modifier ou supprimer le contenu. Cela ne fonctionne pas toujours comme nous l'avons vu, mais cela peut être très efficace surtout dans les États de droit (où il y a des lois, une police et une Justice). Dans une dictature ou un pays rongé par la corruption, vous n'irez pas très loin.

Attention, même modifiée ou supprimée, une page peut continuer à exister dans la mémoire « cache » des moteurs de recherche. Quand un moteur indexe une page, il en garde une copie en archive à laquelle nous pouvons accéder en cliquant sur le mot « cache » à côté du résultat. C'est utile quand le serveur d'un site est indisponible et que l'on veut quand même consulter le contenu ou quand l'URL a changé. Un recruteur ou un prospect peut donc regarder dans le cache des moteurs de recherche pour y trouver une information que vous pensiez invisible. Le cache ne sera mis à jour que lorsque le moteur retournera sur cette page pour mettre à jour son index et par voie de conséquence son cache. Pour accélérer les choses, il suffit de vous connecter sur cette page : *http://www.google.fr/addurl/* ou équivalent sur d'autres moteurs de recherche. Les robots de Google iront plus vite revoir le contenu de la page supprimée ou modifiée. C'est par ailleurs aussi sur *http://www.google.fr/addurl/* que vous pouvez référencer vous-même et gratuitement votre blog, votre profil ou CV en ligne.

La désindexation

Il s'agit de déréférencer une page en demandant à Google de ne plus pointer vers une page. C'est possible, mais uniquement dans le cadre d'une procédure judiciaire. Google et les autres moteurs de recherche n'ont pas vocation à retirer unilatéralement les contenus. Leur métier est d'indexer ou désindexer du contenu et non de le modifier ou le supprimer. Seul l'auteur, l'hébergeur ou la Justice peuvent modifier ou supprimer un contenu. Google propose même des outils aux auteurs pour désindexer leurs contenus : *https ://www.google.com/webmasters/tools/removals?hl=fr*. Pour désindexer sur Yahoo : *https://siteexplorer.search.yahoo.com* et sur Live Search : *http://webmaster.live.com.*

Mais, il ne faut pas oublier la « *Wayback Machine* » sur *www.archive.org*. Elle est gérée par des bénévoles qui ont déjà archivé 85 milliards de pages web. Il n'y a absolument aucun recours contre ce site.

Deuxième technique : dissimuler l'information négative en créant une masse d'information positive

Avant, on cherchait à noyer le poisson. Aujourd'hui, il faut être moderne et savoir noyer l'information !

Utiliser le Web 2.0 pour créer de l'information positive sur vous

Il s'agit de créer des contenus positifs sur différents sites ayant un bon référencement pour renvoyer les contenus négatifs le plus loin possible dans l'ordre d'affichage des résultats du moteur de recherche. Voici quelques actions possibles qui sont reprises de la partie 2 de ce livre à titre de rappel :

- créer de multiples profils sur les réseaux sociaux et les éditeurs de profil en ligne comme LinkedIn, CV 2.0, Viadeo, Ziki… Voilà autant de pages qui arriveront dans les premiers résultats même si le contenu de vos profils est à peu près identique ;
- créer un blog. Il sera référencé dans les premiers résultats surtout si d'autres blogs pointent sur le vôtre (*cf.* Blogroll) ;
- rédiger un article pour des journaux en ligne ou essayez d'être cité dans un article. Rien de plus simple sur les sites de journalisme citoyen ou les sites d'information participatifs comme Agoravox ou Rue89. Si le contenu est accepté, cela va créer du contenu qui apparaîtra en bonne position ;
- participer à des forums de discussion, des wikis en vous exprimant nominativement bien sûr pour que les moteurs comme Google, Yahoo ou Live Search indexent votre nom !

Ces différentes techniques et outils ont été présentés dans la partie 2 dans l'optique de mieux se faire connaître : promotion de son identité professionnelle. Mais dans ce chapitre, on voit une autre utilité : gérer sa réputation professionnelle. Les contenus que vous créez sur les sites que vous administrez vous-même doivent être optimisés pour le référencement dans les moteurs de recherche (*cf. search engine optimization*).

Le SEO est un ensemble de techniques pour optimiser votre référencement à travers le titre des pages, le nom des URL, les metanames, etc. Mais, le plus important est de créer un maximum de liens croisés entre les pages que vous créez pour augmenter votre indice de popularité (*cf.* PageRank). Google considère un lien comme un « vote ». Alors, votez pour vous !

Avec cette deuxième technique, il faut bien comprendre que l'information négative ne disparaît pas. Elle est juste enfouie le plus profond possible. Les statistiques montrent que moins de 5 % des personnes vont au-delà de la troisième page des résultats. Alors, il suffit de travailler à faire disparaître le contenu négatif de ces trois premières pages.

Les sites miroirs sont interdits !

Les sites miroirs sont des sites dupliqués avec exactement la même information. Cela peut être très utile pour des sites de téléchargement de fichier lourd ; on répartit ainsi la charge en renvoyant l'utilisateur vers le serveur le plus proche de son domicile. Mais, dans le domaine de la gestion de la réputation, il s'agit d'acheter de nombreux noms de domaine pour créer de vrais sites avec un contenu bidon. Ces sites dits miroirs pointent tous vers un site principal qui contient des informations positives sur une personne ou une entreprise. Cela permet d'obtenir un meilleur PageRank et de faire monter le site principal dans les premiers résultats du moteur de recherche. Technique efficace mais interdite ! Les moteurs de recherche considèrent qu'il s'agit de *spamdexing* parce que cela augmente artificiellement la pertinence des pages.

Par ailleurs, un recruteur ou un prospect averti peut très bien aller voir un peu plus loin dans les résultats. Il peut aussi utiliser d'autres moteurs de recherche qui fonctionnent avec des algorithmes différents de celui de Google.

Faire appel à un service de nettoyage

Les deux techniques que nous venons de présenter (suppression du contenu et dissimulation du contenu négatif) montrent que le droit de rectification ou le droit à l'oubli relèvent du mythe. Cela montre aussi les limites de la voie judiciaire : caractère transnational d'Internet ; absence d'harmonisation des législations ; manque de coopération entre les pays.

Ces deux techniques peuvent être mises en œuvre par vous-même si vous êtes motivé et à l'aise avec Internet. Mais, vous pouvez aussi faire appel à des entreprises spécialisées. La plupart des offres disponibles ont été conçues pour les entreprises qui doivent protéger leurs différentes marques. Cependant, deux entreprises proposent une offre dédiée aux particuliers.

- **ReputationDefender** a déjà été présenté pour la surveillance de votre réputation. Ce service vous propose également de « détruire » le contenu qui vous gêne pour 29,95 USD par item à supprimer. Mais, ce service est réservé uniquement aux abonnés du service de surveillance qui coûte 9,95 USD par mois. Vous passez ensuite une commande spéciale pour chaque item que vous souhaitez voir disparaître. Dans les FAQ, ReputationDefender précise qu'ils ont une obligation de moyens et non de résultats. Vous payez donc même s'ils n'arrivent pas à retirer le contenu. Ils annoncent également que le retrait peut prendre entre dix et soixante jours. Leur action consiste simplement à faire une demande à l'amiable à l'auteur du contenu en le menaçant de poursuites judiciaires. Comme c'est à l'amiable, on comprend pourquoi ReputationDefender ne peut pas s'engager sur le résultat.

  Par rapport à vous, leur valeur ajoutée est probablement la qualité du modèle de lettre qui est envoyée à l'auteur (factuel, non émotionnel), la dimension juridique quand ils peuvent connecter les faits à des lois et… leur aptitude à mieux savoir bluffer que vous ! Par ailleurs, comme vous n'agissez pas en direct, cela montre le sérieux de votre démarche. Cela peut influencer le destinataire. Mais, comme leur démarche est à l'amiable, le résultat est hautement aléatoire. Tout dépend de la personnalité de l'auteur du contenu que vous voulez faire disparaître : est-ce une personne naïve, impressionnable, peureuse… ou guerrière, leader d'opinion, elle-même juriste ? Site : *http://www.reputationdefender.com/* ;

- **Naymz** : Naymz a déjà été présenté dans ce livre dans plusieurs chapitres. Il propose également un service annexe : Online Reputation Repair, qui utilise uniquement la technique de dissimulation de l'information négative (*cf.* seconde technique). Il n'y a pas de tarif forfaitaire. Vous contactez Naymz et on vous propose un devis. Ils s'engagent à obtenir des résultats au bout de six à huit semaines. Ce service est complémentaire de celui de ReputationDefender. Vous pouvez le faire vous-même ou leur confier cette tâche. Site : *http://www.naymz.com/*.

Si vous avez de gros moyens financiers, vous pouvez aussi utiliser les services spécialisés sur les marques d'entreprises. Par exemple : eVisibility (*www.evisibility.com*) ou Reputation Advisor (*www.reputationadvisor.com*).

L'arme absolue : changer d'identité !

Est-il possible de changer d'identité ? Vous avez bien lu « identité » et non « identité numérique ». L'objectif est de changer d'identité pour débuter une nouvelle vie numérique. Si votre réputation est liée à votre nom, voici quelques options pour disparaître :

- accoler le nom de son époux à côté de son propre nom (c'est valable pour un homme avec le nom de sa femme). Chacun des époux peut utiliser dans la vie courante, s'il le désire, le nom de son conjoint, en l'ajoutant à son propre nom ;

- accoler le nom de famille de votre mère à celui de votre père. Il suffit de demander le renouvellement de sa carte d'identité et de remplir la case correspondante. On peut même préciser lequel on préfère en premier.

C'est possible en France, mais c'est à vérifier pour d'autres pays.

La question des homonymes

Changer d'identité est aussi un moyen d'échapper à un trop grand nombre d'homonymes ou à des homonymes célèbres, quand par exemple vous portez le même prénom et nom qu'une personnalité publique.

Ajoutez le nom de votre conjoint ou celui de votre mère peut être une solution efficace pour gérer votre identité professionnelle.

- avantage : vous créez un nom quasiment unique qui vous garantit un référencement optimum. Votre singularité s'étend à votre nom !
- inconvénient : si vous prenez le nom de votre conjoint et si vous divorcez, vous repartez à la case départ. Par ailleurs, certains hommes ne veulent pas que leur femme garde leur nom de jeune fille. Alors, dans ce cas, il faudra gérer une double identité : votre nom de femme mariée au bureau pour le monde réel, sur vos cartes de visite et votre nom de jeune fille + nom de femme mariée sur Internet et sur votre CV. Jamais facile de gérer une double identité, c'est un peu comme une double vie, on finit tôt ou tard par se prendre les pieds dans le tapis.

Comment réagir quand vos « amis » portent atteinte à votre réputation ?

Comment ne pas transformer vos amis en ennemis en cherchant à défendre votre réputation ?

Vous êtes attaqué par un ami

Si c'est un ami, alors ce n'est pas une attaque mais une erreur, une maladresse, voire un manque de savoir-vivre. Mais, cela peut aussi être de la jalousie ou un règlement de compte entre amis. Il faut donc agir avec prudence.

En vous adressant à votre « ami », il est important de mesurer vos paroles, de garder un ton neutre, de ne pas humilier ou insulter votre ami qui, comme tout le monde, a le droit à l'erreur. Si vous avez le choix entre le téléphone et l'e-mail, *prenez le téléphone* ! En effet, l'agressivité peut monter très vite dans une interaction virtuelle même entre amis. Par e-mail, on peut se braquer, puis se fâcher, puis s'insulter et enfin… devenir ennemis !

Vous êtes attaqué par un ennemi… ou un ancien ami

Vous découvrez une photo ou un texte qui porte atteinte à votre réputation. Sous le coup de la colère, vous ripostez immédiatement en publiant vous-même un contenu qui rétablira la « vérité », c'est-à-dire **votre** vérité de votre point de vue. Vous ne prenez pas le temps de réfléchir. Il faut laver l'affront immédiatement. Que fera votre adversaire en lisant votre prose ? *A priori*, s'il vous a attaqué une fois, il est prêt à recommencer. Vous n'êtes pas le seul qui ne veut pas perdre la face.

Au final, celui qui gagnera n'est pas forcément celui qui a « raison ». C'est celui qui saura prendre le temps de définir une stratégie, de se fixer un objectif, de communiquer clairement, d'être concis, d'anticiper sur les réactions et contre-arguments possibles. C'est comme une partie d'échecs. Plus vous jouez vite, plus vous avez des chances de perdre si l'autre joue moins vite que vous – c'est-à-dire en prenant le temps de réfléchir.

En conclusion

Il est très important de faire la différence entre la défense de votre réputation pour des raisons légitimes et l'envie de censurer tout ce qui ne renvoie pas une image de vous conforme à vos souhaits. La liberté d'expression ne sera pas sacrifiée sur l'autel de votre réputation dans une démocratie.

Défendre sa réputation trop activement ou trop brutalement peut au final se retourner contre vous et nuire encore plus à votre réputation. Inversement, ne rien faire, ne rien anticiper peut vous conduire à partager le fabuleux destin de Ronald.

Vous avez une stratégie pour gérer votre identité professionnelle et votre image de marque. Mais il peut y avoir un gros décalage entre ce que vous êtes et ce que vous souhaiteriez être. L'objectif du Personal Branding n'est pas de changer vos valeurs, votre personnalité, de vous transformer en quelqu'un d'autre. Nous avons des forces et des faiblesses. Cacher nos faiblesses, essayer d'être moins faible est globalement une perte de temps comparé au renforcement de nos points forts et leur mise en valeur dans une démarche de communication efficace. Le Personal Branding, ce n'est pas « comment montrer que je suis Superman » et essayez de le faire croire aux autres alors que vous avez déjà le vertige au RDC d'un immeuble.

Internet est un espace de transparence radicale qui nous impose la prudence (faire preuve de bon sens numérique) et l'acceptation d'un nouvel ordre social dans lequel le droit à l'oubli a disparu. Un ordre social où notre image de marque se construit à égalité entre nos actions et la perception des autres sur nos actions. Notre image de marque devient une co-construction, sauf si on ne fait rien, et dans ce cas notre image de marque sera intégralement construite par les autres.

Qu'on soit un particulier ou une entreprise, il faut jouer l'authenticité et renoncer à toute forme de manipulation de l'opinion des gens.

En matière de réputation numérique, un peu comme pour les OGM, il faut appliquer le principe de précaution. Nous ne mesurons pas encore toutes les conséquences de notre vie numérique. Nous ne pouvons pas prédire aujourd'hui ce que les recruteurs feront demain. Par ailleurs, les pratiques ne seront jamais uniformes au sein d'un pays et entre différents pays. Il est donc important d'être prudent et de gérer sa réputation numérique activement car Internet est le lieu d'usages sociaux nouveaux. Mieux vaut prévenir que guérir…

Partie 4

Pour aller plus loin !

« Cela prend vingt ans pour construire une réputation
et cinq minutes pour la ruiner... »

Warren Buffet.

Chapitre 19

Réussir votre démarche de Personal Branding

Le meilleur moment pour commencer une démarche de Personal Branding[1], c'était probablement ou plus précisément… hier ! L'idéal est de commencer pendant que l'on est encore étudiant, puis de faire évoluer sa marque personnelle au fil des années.

Comment trouver du temps ?

> « Le temps est la plus petite chose
> dont nous disposons », *Ernest Hemingway.*

Comment trouver du temps pour construire votre marque personnelle ? Nous avons un temps limité et nous faisons des priorités en fonction de nos besoins vitaux (dormir, manger, gagner de l'argent) et de nos motivations. La question n'est donc pas : allez-vous trouver du temps ? mais plutôt : le Personal Branding répond-il à un besoin ? Si oui, alors vous trouverez le temps de le faire en réorganisant vos priorités. Vous le ferez naturellement sans vous poser de question. La lecture de ce livre est destinée à vous faire prendre conscience que cela

1. Ce chapitre s'inspire en partie des retours d'expérience de Rajesh Setty formulés dans son livre *Personal Branding for Technology Professionals*, 2006, *www.rajeshsetty.com*.

devrait être une priorité parce que cela répond pour vous à un besoin surtout en période de récession économique quand personne n'est à l'abri d'un licenciement et que les contrats sont de plus en plus rares pour les freelances.

En plus du temps, vous aurez aussi besoin de patience ! Votre marque ne peut se construire que dans la durée et les bénéfices apparaîtront dans la durée. Le monde n'avance pas à la même vitesse que vous et vos besoins.

Demander l'aide de votre entourage pour créer une émulation collective

On ne peut pas travailler *seul* dans une démarche de Personal Branding. Si vous trouvez efficace de faire relire votre CV et votre lettre de motivation, pourquoi faire différemment pour votre marque personnelle ?

Tout au long de ce livre, nous avons parlé à de nombreuses reprises du nécessaire feed-back de votre entourage et de l'importance de votre réseau professionnel (références, contacts). Cela doit vous aider à comprendre que vous n'irez nulle part tout seul. Non, ce n'est pas dans le premier tiroir à droite de votre bureau que se trouvent les solutions, mais autour de vous. Êtes-vous prêt pour cela ? Probablement pas, si votre croyance est « Je peux y arriver seul, je n'ai besoin de personne ». Si vos valeurs vous poussent à l'individualisme dans ce que vous faites. Si votre personnalité, votre fierté, vous rend insupportable l'idée que vous puissiez apparaître dépendant des autres. Voilà de nombreuses raisons pour lesquelles vous ne chercherez pas d'aide et *de facto* vous échouerez dans votre démarche de Personal Branding.

Si vos valeurs, vos croyances, votre personnalité vous poussent à aider les autres, alors chercher de l'aide n'est pas une action insurmontable.

L'histoire de l'humanité montre que l'équilibre ne peut pas exister dans la *dépendance* (esclavage, domination, colonies) ou dans *l'indépendance* (protectionnisme, isolement, autarcie). L'équilibre n'existe que dans *l'interdépendance* (coopération), c'est-à-dire que nous dépendons les uns des autres au niveau individuel (entre personnes) et au niveau collectif (pays, régions, organisations) :

> « La seule voie qui offre quelque espoir d'un avenir meilleur pour toute l'humanité est celle de la coopération et du partenariat » (Kofi Annan, secrétaire général de l'ONU, extrait d'un discours à l'Assemblée générale de l'ONU – 24 septembre 2001).

Créer un groupe d'entraide

Pour démarrer et pérenniser votre démarche de Personal Branding, pourquoi ne pas faire appel à un ami, un collègue, votre manager ? Travailler à deux sera plus stimulant. Mais, vous pourriez aller plus loin en créant un groupe d'entraide.

Une bonne façon de vous mettre en mouvement est de créer un groupe de trois personnes minimum à sept maximum, puis d'organiser des rencontres au moins deux fois par mois au début. Le but est de créer une dynamique collective, une émulation collective, un cadre propice à l'entraide. Ce groupe peut aussi se constituer après avoir participé à une formation sur le thème du Personal Branding.

Pendant les six premiers mois, vous pourriez fixer des rencontres le premier et troisième dimanche de chaque mois (ou un autre jour !). Vous réservez votre fin d'après-midi ou début de soirée pour travailler ensemble sur vos marques personnelles respectives. Puis, en fonction des résultats, vous pouvez espacer les rencontres en les prévoyant une fois par mois, puis une fois tous les deux mois, etc.

Ce groupe d'entraide et votre entourage direct pourront certainement répondre à la presque totalité de vos questions. On appelle cela de l'intelligence collective.

Coaching et formations au Personal Branding

Vous pouvez aussi faire appel à un coach. Vous trouverez à la fin de ce livre une liste de coachs présentés à travers leurs interviews (voir « Quelques coachs spécialisés en Personal Branding »). Cette liste est bien sûr non exhaustive.

Vous pouvez aussi participer à une formation ou demander des conseils. Voici quelques organismes de formation et de conseil :

- **Cegos** : leader européen de la formation professionnelle. Détail de l'offre : *http://www.cegos.fr/formation-developpez-votre-notoriete-sur-web/p-20097240-2009.htm* ;
- **Institut du Personal Branding** : gestion de carrières et de talents. Détail de l'offre : *http://www.idpb.fr/fr/multi-page.xml?pg=5 & id=244424&from=1&to=10* ;
- **Kimind** propose des offres de formation inter-entreprises et intra-entreprise sur le Personal Branding. Détail de l'offre : *http://www.kimind.fr/services/personal-branding* ;
- **MyBranding** : Détail de l'offre : *http://www.mybranding.fr/les-ateliers-8.html* ;
- **Neos Consulting** : conseil en Personal Branding. Détail de l'offre : *http://personalbranding.unblog.fr/montant-des-prestations/* ;
- **PowerOn** a été lancé fin 2008 par Jean-François Ruiz, blogueur sur webdeux.info. Cette société propose des services de gestion d'identité et de réputation en particulier autour du blogging. Des formations sont également proposées sur les outils Web 2.0. Détail de l'offre de services : *http://www.poweron-services.com/* ;
- **Troisième voie** : le rendez-vous du développement personnel et professionnel. Détail de l'offre : *http://www.troisieme-voie.com/troisiemevoie/formations.html*.

Chapitre 20

Savoir faire la différence entre réputation sociale, commerciale et professionnelle

Notre réputation peut s'analyser à travers trois dimensions :

- notre réputation commerciale en tant que vendeur ou acheteur ;
- notre réputation sociale en tant qu'ami, parent ou conjoint ;
- notre réputation professionnelle en tant que manager, collaborateur, collègue, client, fournisseur ou partenaire.

De nombreux services existent aujourd'hui pour évaluer votre réputation numérique. Certains sont spécialisés sur la réputation commerciale comme eBay. D'autres sont spécialisés sur la réputation professionnelle comme Naymz, Repvine ou CV 2.0. Et puis, il y a les services généralistes qui vous proposent une évaluation globale ainsi que les multiples services ou réseaux sociaux qui rajoutent des fonctionnalités de notation (avec des étoiles) et/ou de recommandation (champ de saisie) à leur service principal (comme Ziki).

Ce chapitre doit vous permettre de diagnostiquer un service pour savoir s'il va vous aider à construire votre identité et votre réputation professionnelles ou au contraire contribuer à les détruire. Par ailleurs, de nouveaux services seront lancés dans les prochaines années, il est important d'avoir des points de repère précis pour distinguer le bon grain de l'ivraie.

eBay, site de e-commerce mondialement connu, est considéré par beaucoup de personnes comme la référence dans le domaine de la gestion de la réputation. Pour autant, eBay est-il un système universel d'évaluation de la réputation ?

En face à face, il est possible à travers des interactions, des discussions, des relations régulières d'évaluer une personne. Pour aller plus loin, on peut interroger l'entourage de cette personne si cette relation devient importante (affaires, partenariat, embauche, amour, loisirs, etc.). Mais comment évaluer la réputation sur Internet ? Ce qui est nouveau, c'est que nous devons faire confiance à des personnes que nous n'avons jamais rencontrées et que nous ne rencontrerons jamais. D'ailleurs, dans certains cas, nous ne voulons pas les rencontrer ! Dans le domaine du e-commerce, nous sommes intéressés par le DVD du vendeur et non par le vendeur lui-même. Il vous envoie le DVD que vous lui avez acheté, vous le payez et la relation s'arrête là. Mais avant de faire cette transaction, comment savoir si nous pouvons lui faire confiance puisqu'on ne le connaît pas. De ce constat, eBay a conçu un système pour vous aider à évaluer la réputation d'un vendeur ou d'un acheteur à partir de notation positive, neutre ou négative sur les transactions réalisées avec d'autres utilisateurs.

Une notation consiste à faire une évaluation à partir de critères principalement quantitatifs (1 à 5 étoiles par exemple), mais sans pour autant exclure la possibilité d'un commentaire pour donner du sens à l'évaluation.

Cependant, eBay pose un problème. C'est un système fermé. Vous ne pouvez pas facilement faire la promotion de votre réputation à l'extérieur du service (*cf.* portabilité des données). On peut comprendre qu'eBay n'ait aucun intérêt à ce que son système d'évaluation soit utilisé sur d'autres sites de e-commerce concurrents, car cela lui retirerait son facteur différenciateur et pourrait entamer son chiffre d'affaires. En tout cas, si c'était gagnant pour eux d'ouvrir leur système, il l'aurait fait.

De nombreux services se sont donc créés pour résoudre ce problème. Ils ont mis en place des systèmes d'évaluation « ouverts », c'est-à-dire déconnectés du site de e-commerce sur lequel se déroule la transaction. On peut citer principalement iKarma (*www.ikarma.com*), Rapleaf (*www.rapleaf.com*), TrustPlus (*www.trustplus.com*) et Gorb (*www.thegorb.com*). Ces services ont copié le système d'eBay en l'améliorant à leur façon, en le rendant plus convivial et surtout plus universel en termes d'étendue de l'évaluation.

eBay ne peut vous évaluer qu'en tant que vendeur ou acheteur puisque c'est un site de e-commerce. Mais ces nouveaux services ne vendent rien, mise à part l'évaluation de votre réputation. Pour élargir leur clientèle, ils ont donc appliqué les méthodes d'évaluation d'une transaction à l'évaluation d'une personne, d'un contenu ou d'une relation.

Or la pertinence de l'évaluation de votre réputation par notation est inversement proportionnelle au niveau de connaissance mutuelle de l'évaluateur et de l'évalué.

En d'autres termes, plus on se connaît, moins l'évaluation par notation est pertinente car la relation entre l'évaluateur et l'évalué devient « lourde ». Lourde de sous-entendus, d'une histoire commune avec des joies et des déceptions. L'amitié, l'amour et les renvois d'ascenseur vont pousser la note vers le haut (souvent beaucoup trop haut). Les règlements de compte pousseront la note vers le bas (souvent beaucoup trop bas).

L'impact du niveau de connaissance mutuelle sur l'évaluation de la réputation

Voici les cinq niveaux de connaissances mutuelles :

- niveau 1 : on ne se connaît pas (inconnus) ;
- niveau 2 : je le connais, mais il ne me connaît pas (connu de nom) ;
- niveau 3 : on s'est déjà croisé (connaissances – quelques interactions qui permettent de se faire une première impression) ;
- niveau 4 : on se connaît bien (amis, collègues – interactions régulières plusieurs fois par mois et surtout dans la durée, sur plusieurs années) ;
- niveau 5 : on se connaît très bien (famille, amis très proches – interactions au quotidien dans la très longue durée).

L'approche par notation est pertinente pour les niveaux 1 à 3 : niveau de connaissance mutuelle inexistant ou faible. Sur ces niveaux, l'évaluateur jugera les faits : « Il a livré ce que j'ai commandé dans les délais », « J'ai été payé », etc.

Sur les niveaux 4 et 5, l'évaluateur sera perturbé par l'historique de la relation. De l'objectivité (des faits observables et quantifiables), on basculera vers la subjectivité (des opinions, des jugements de valeur). Le risque de sur-valorisation (« c'est le meilleur ») ou de sous-valorisation (« c'est un nul ») est important.

Sur eBay, la plupart des utilisateurs sont au niveau de connaissance mutuelle 1 ou 2. Par ailleurs, nous ne pouvons pas évaluer une personne en l'absence d'une transaction. C'est en fait la transaction qui est évaluée et non la personne. À chaque nouvelle transaction entre les mêmes personnes, il faut refaire une évaluation. Il se peut très bien qu'un vendeur soit performant sur une transaction et mauvais sur une autre.

À l'inverse, sur les nouveaux services comme iKarma, vous verrez en visitant les profils que la plupart des évaluateurs sont au niveau de connaissance mutuelle 4 avec l'évalué. Si on peut voir passer sur son profil ses meilleurs amis ou collègues, on peut aussi potentiellement recevoir la visite de ses pires ennemis. Et comme aucune transaction particulière n'est imposée, chacun décide sur quoi il va évaluer l'autre. On peut être évalué sur une action ou sur plusieurs, sur un jour ou sur plusieurs années, sur une transaction ou sur un mélange de plusieurs types d'action (transaction, relation et publication de contenu).

Sur eBay, le contexte de la relation est très clair. On est acheteur ou vendeur ! Sur les autres services, il manque souvent un champ pour définir le contexte de la relation. Certains utilisateurs donnent spontanément l'information sur le contexte de la relation dans leur feed-back, d'autres non. Ce contexte est utile pour mesurer la sur-valorisation ou la sous-valorisation.

Les principes de fonctionnement des concurrents d'eBay

En analysant leur méthode d'évaluation et leurs discours, on peut dire que les concurrents d'eBay fonctionnent sur deux grands principes.

Principe 1 : il faut autoriser les notations et les commentaires neutres ou négatifs

L'objectif est d'avoir une évaluation de la personne et/ou de ses actions qui soit la plus proche de la réalité. Quand une personne ne se comporte pas correctement, il est normal de le faire savoir. Ce sont d'ailleurs les fondements du système eBay. Une petite réserve cependant car les études sur le système d'eBay ont montré les limites des feed-back neutres ou négatifs. Si vous faites un feed-back négatif, vous risquez des représailles de la part de ceux que vous avez évalués négativement que ce soit sur eBay ou un autre service. Du coup, le système s'auto-verrouille parfois dans un pacte implicite de non-agression. Certains acheteurs vont jusqu'à menacer les vendeurs pour obtenir plus que ce qui était prévu dans la transaction : « Si vous ne me donnez pas ça en plus, je vous ferai une notation négative. » Or l'actif principal d'un vendeur est sa réputation… tout comme vous en tant que professionnel !

Mais le plus important est qu'il peut y avoir des critiques fondées et d'autres inventées, certaines sont justes et d'autres injustes, certaines reposent sur des faits observables et quantifiables et d'autres sur des préjugés, des opinions ou des jugements de valeur.

L'exemple le plus souvent pris pour justifier ce premier principe est LinkedIn. Si vous regardez les recommandations sur le profil d'un utilisateur LinkedIn, vous verrez que les contenus des recommandations sont toujours positifs et parfois même dithyrambiques. Étant donné que l'utilisateur peut refuser une recommandation, il n'autorise *de facto* que les feed-back positifs. Cependant, ce n'est pas parce qu'un feed-back est positif qu'il est faux. Inversement, un feed-back neutre ou négatif peut être faux.

Par ailleurs, si on se place du point de vue d'un recruteur, il recrute une personne pour ce qu'elle sait faire et non pour ce qu'elle ne sait pas faire. Les témoignages fonctionnent sur ce principe. Ils ne donnent aucune indication sur ce qu'une personne ne sait pas faire, mais ils permettent de valider une partie de ce qu'elle sait faire. Le système de LinkedIn ainsi que celui des services spécialisés est imparfait, dans le sens où le recruteur doit encore faire un peu de travail. Il doit valider par des interviews du candidat et de ses références toutes les compétences qui sont absentes des recommandations. Mais il n'a plus besoin de valider toutes les compétences. C'est quand même un progrès par rapport au système actuel.

Il est aussi important de comprendre que celui qui fait une recommandation engage sa propre réputation. Si vous écrivez que M. X est un génie en informatique alors que c'est un nul, vous détruisez votre propre réputation. De ce fait, un témoignage a d'autant plus de valeur que celui qui témoigne a lui-même une bonne réputation, et inversement.

De même, plus vous obtenez de recommandations et plus il y a statistiquement des chances que vous ayez une bonne réputation. C'est exactement le même principe que le PageRank de Google. Plus il y a de personnes qui recommandent un site, plus ils lui donnent une crédibilité, donc une bonne réputation.

Enfin, les feed-back négatifs peuvent conduire à une forme de justice privée. Sur Internet comme ailleurs, nous ne devons pas agir en dehors des procédures de droit qui permettent de garantir l'équité entre celui qui attaque et celui qui est attaqué. Internet ne doit pas être le lieu d'une justice privée, qui permet de régler ses comptes sur la place publique (diffamation) ou de flouer des vendeurs pour monnayer une notation positive (*cf.* exemple ci-dessus).

De l'opinion, vous pouvez basculer dans la diffamation.

Principe 2 : il faut autoriser les notations et les commentaires anonymes

Comment croire le collaborateur qui fait un super-feedback à son manager alors que c'est ce même manager qui détermine les primes et promotions en fin d'année ? Qui osera faire une notation négative sur ses clients pour se plaindre de retards de paiement ?

L'anonymat serait donc LA solution pour taper sur son manager ou ses clients en toute discrétion, avec toute la liberté de parole nécessaire.

Cependant, qui voudra faire la promotion de sa réputation sur un service qui permet de se faire lyncher en public par M. Anonyme ? Quand on visite les sites qui autorisent l'anonymat, on remarque tout de suite qu'en moyenne 98 % des feed-back sont positifs. Étrange ? Pas tant que cela si nous considérons que ceux qui avaient des feed-back négatifs ont fermé leur compte et que beaucoup d'autres n'en ont pas ouvert par peur d'en recevoir. Et dans ce cas, le système de l'anonymat n'atteint pas son objectif.

Pour contrer la fuite des utilisateurs, certains services comme Rapleaf créent des profils sans vous demander votre avis à partir des e-mails que vous utilisez sur Internet et selon le même principe que les moteurs de recherche de personnes (agrégation des données publiques). Mais rien de plus facile que de changer d'e-mails (nous le faisons déjà pour fuir le spam). Et si cette démarche ne s'avérait pas suffisante, il resterait toujours possible de recourir à un service de « nettoyage » ou à un avocat pour supprimer les contenus offensants.

En résumé, l'anonymat et les notations neutres ou négatives induisent des effets pervers, sauf quand on respecte un certain nombre de conditions.

Les conditions du succès d'une approche par la notation

L'analyse du système d'eBay permet de définir les conditions du succès pour une approche par la notation. Neutres ou négatifs, les notations et commentaires sont socialement acceptables à condition :

- que l'évaluation porte sur des éléments objectifs, factuels, observables et mesurables. C'est le cas dans le cadre d'une transaction commerciale ;
- que l'évaluation se fasse entre des personnes qui ont un niveau de connaissance mutuel entre 1 et 3 ;
- que la notation chiffrée soit accompagnée d'un commentaire qualitatif pour donner du sens à la notation. « Si j'ai fait une erreur, je veux savoir laquelle pour pouvoir progresser » ;
- que l'objet de l'évaluation soit à faible enjeu (évaluation d'une action ponctuelle de la personne) et non à fort enjeu (évaluation

de la personne en général dans la durée). L'évaluation doit porter sur le FAIRE et non sur l'ÊTRE. « M. Durand a FAIT une erreur » est temporaire, il a une chance de progresser, de faire mieux la prochaine fois. « M. Dupont EST un nul » est définitif. Il a acquis le STATUT de nul ;

- que j'ai plus à perdre qu'à gagner en quittant le service si je reçois une notation négative, soit parce que le service m'offre d'autres bénéfices (exemple : eBay est le leader sur son marché), soit parce qu'il n'existe pas d'alternatives ;
- que je puisse vérifier l'identité de l'évaluateur (pas forcément sa carte d'identité numérique, mais au moins son pseudonyme). Si vous êtes un vendeur, vous acceptez la notation négative d'un acheteur parce que vous le connaissez et que vous savez que c'est lui que vous avez livré en retard. Mais en aucun cas, vous n'accepteriez une notation neutre ou négative d'une personne dont vous ne savez même pas si vous avez fait affaire avec elle. Cela sera perçu comme injuste. Nous avons tous une dose de paranoïa, nous n'avons pas besoin d'internet pour la stimuler !

La notation anonyme est d'une logique implacable (libérer la parole), mais elle n'a aucun sens en termes d'équité et d'acceptation sociale.

En conclusion, eBay est un grand succès, principalement du fait de son système d'évaluation de la réputation conçu et mis en œuvre dans un contexte précis. Quelques entrepreneurs audacieux ont voulu faire « beaucoup plus » qu'eBay. Ce faisant, ils ont sorti la méthode eBay de son écosystème qui est d'évaluer uniquement des actions, d'évaluer chaque action et d'évaluer des actions simples (acheter – vendre).

Les concurrents d'eBay devraient donc recentrer l'objet de leur évaluation sur les actions des personnes et non sur la personne elle-même. L'évaluateur devrait s'identifier et être obligé d'indiquer des éléments précis sur l'action qui fait l'objet de l'évaluation, comme c'est le cas sur eBay.

Cependant eBay n'est pas LA solution universelle de gestion de la réputation, et ses clones encore moins. En voici les principales raisons :

- la réputation ne s'évalue pas de la même manière pour l'action d'une personne (transaction, contenu, relation), pour la personne elle-même, pour une organisation ou pour un objet ou service. L'évaluation de la réputation dépend de l'objet de l'évaluation (lire ce billet sur les méthodes d'évaluation : *http://reputation.axiopole.info/2007/12/17/classification-outils-gestion-reputation-numerique*) ;
- être un bon vendeur ou un bon acheteur ne signifie pas que l'on est un bon professionnel et inversement. La réputation est liée à un « contexte de confiance » ou « sphère de confiance » dont nous avons parlé dans la partie 3 de ce livre.

Avec le Web 2.0, un logiciel devient un objet social. Il ne peut plus être seulement le mariage d'un langage de programmation informatique (type AJAX) et du marketing. Il ouvre la voie à l'invention de nouvelles relations sociales. Espérons que ce chapitre vous incitera à la prudence vis-à-vis des *services universels* de gestion de la réputation et vous montrera que *ce qui est techniquement possible ou économiquement rentable n'est pas forcément socialement acceptable ou utile.*

Tous les sites qui vous proposent de gérer votre réputation professionnelle avec des étoiles sont à fuir sauf si vous êtes un vendeur (un professionnel de la vente de services ou de produits). De même pour les services qui remplacent les étoiles par des notes en chiffres. Essayez d'anticiper une chose très simple : que ferez-vous de toutes vos références sur un site qui vous attribue une étoile ou une mauvaise note ? C'est pertinent pour un vendeur qui peut lisser une mauvaise transaction au milieu de cent autres qui se sont bien passées. Mais comment masquer un témoignage négatif au milieu de dix autres ? impossible !

Conclusion

Mieux se connaître, mieux se faire connaître et mieux se faire reconnaître sont les trois piliers du Personal Branding et… du Personal Branding numérique !

Le Personal Branding, une innovation ?

Le Personal Branding est une innovation à la fois technique, sociale et technologique.

Il s'agit d'une *innovation technique* parce qu'on croise d'une manière tout à fait nouvelle les techniques de développement personnel et les techniques de communication, de marketing et de gestion de carrière. La plupart du temps, ces techniques sont cloisonnées au lieu d'être articulées.

Il s'agit d'une *innovation sociale* parce que le Personal Branding s'intéresse d'abord à vos valeurs et vos passions avant de vous expliquer comment vous rendre séduisant pour des recruteurs ou des prospects. L'objectif du Personal Branding n'est pas de vous aider à obtenir un travail, à rentrer dans le moule. L'objectif est de trouver un travail qui est en cohérence avec vos valeurs et vos passions, afin que votre vie professionnelle soit aussi passionnante que votre vie personnelle. Qui êtes-vous réellement ? Où voulez-vous aller ? Voilà des questions bien plus importantes que d'apprendre à rédiger son CV et sa lettre de motivation en respectant les « standards ».

Le Personal Branding, ce n'est pas uniquement gérer son identité et sa réputation professionnelles. Ce n'est pas la course aux clics sur le plus grand nombre de services Internet. C'est d'abord et avant tout une réflexion profonde et permanente sur le sens de notre vie.

Il s'agit enfin d'une *innovation technologique* du fait de l'avènement du Web 2.0 et des services qui se sont spécialisés sur la gestion de votre identité et de votre réputation professionnelles. Ces technologies donnent une chance égale à tous. Elles démocratisent les outils en les rendant accessibles soit gratuitement, soit pour un coût dérisoire.

LinkedIn constitue le meilleur exemple de l'effet levier du Web 2.0 sur la gestion de son réseau de contacts professionnels. Un nom de domaine et un site web à 7 euros par an sont un bon exemple de l'effet levier sur la gestion de son identité professionnelle. L'argent n'est plus un facteur limitant. Par contre, la maîtrise et la compréhension de ces technologies seront probablement un frein. Mais ce livre vous aide à comprendre et maîtriser ces technologies.

Des effets pervers ?

Le Personal Branding est une innovation, mais tout n'est pas rose. L'anonymat devient un mythe, tout comme le droit à l'oubli. Face à ces nouvelles technologies, certains parlent déjà du retour de Big Brother. Ils ont raison. Les changements technologiques ont été jusqu'ici source de progrès, tout en étant aussi source de nouveaux problèmes. Internet ne fera pas exception. Il y aura des dérives inhérentes à la nature même d'un système ! Pour les technophiles, les gains sont supérieurs aux pertes. Pour les technophobes, c'est l'inverse !

Internet fait partie intégrante de notre vie personnelle dans de nombreux domaines : commerce, jeux, rencontres, réseaux sociaux, blogs… Il est normal qu'il ait à présent un impact sur notre vie professionnelle au travail (entreprise 2.0), mais aussi sur la gestion de notre carrière (Personal Branding numérique).

Faire face aux défis des organisations du futur

Dans son livre *The Future of Work* (Harvard Business School Press, 2004), Thomas Malone, professeur de management au MIT, décrit les organisations du futur. Il montre qu'à l'avenir, chacun de nous pourrait devenir une entreprise uni-personnelle. Chacun de nous évoluera dans un réseau et participera à plusieurs entreprises successivement ou en même temps. Ce modèle existe déjà, en particulier avec les artistes qui ont une Sécurité sociale et tous les avantages des salariés par le biais de sociétés dont c'est la mission (créer de la sécurité, de la stabilité pour contrebalancer l'instabilité de l'activité professionnelle). Ces nouvelles organisations sont profondément liées au développement de la société de l'information, à une société plus immatérielle. Les artistes sont à l'avant-garde de ce que nous vivrons bientôt.

La création du statut de l'*auto-entrepreneur* en France confirme cette évolution. Ce nouveau statut figurait dans l'article 1er de la loi de modernisation de l'économie. Depuis le 1er janvier 2009, les salariés, étudiants, retraités ou chômeurs qui souhaitent développer une activité parallèle à leur métier ou compléter leurs revenus pourront adopter ce statut. Un site d'information existe : *www.lautoentrepreneur.fr*. L'État français présente ce statut ainsi : « On permet en quelque sorte à chaque Français de réaliser son rêve en créant sa propre entreprise ! » Vivre ses passions, ses valeurs, réaliser ses rêves, c'est possible même pour les salariés. Il n'est pas trop tard pour relire la première partie de ce livre, pour répondre aux questions et faire les exercices qui vous aideront à mieux vous connaître.

Dans ce contexte, le Personal Branding est donc beaucoup plus qu'une façon efficace de gérer sa carrière. C'est une réponse à l'évolution du travail comme l'explique Thierry Maillet, auteur du livre *Génération Participation* (M21 Éditions) :

« Le Personal Branding est une tendance lourde qui a émergé il y a une dizaine d'années aux États-Unis comme une réponse organisée aux nouvelles formes de travail. En Californie, le premier job d'un jeune est à plus de 50 % hors le salariat traditionnel et le plus souvent en indépendant. Nous sommes donc engagés dans la voie d'un moindre salariat et de son corollaire, l'obligation faite à chacun de mieux "se marketer". Il y a deux façons de voir cette diminution du salariat :

– c'est horrible, nous sommes lâchés dans la nature et personne ne vient nous aider ;

– c'est génial, nous avons enfin les moyens d'être indépendant et autonome et de pouvoir réaliser nos rêves sans petit chef au-dessus de nous.

N'oublions pas que le salariat était considéré en 1906 par la CGT comme un asservissement de l'homme-travailleur, habitué à être payé à la tâche donc en fonction de la qualité et non de la quantité du travail fourni. On découvrira peut-être un jour que le salariat fut seulement un moment de l'histoire économique moderne. Il est donc nécessaire pour chacun d'intégrer cette nouvelle donne du Personal Branding tout en continuant sa carrière de salarié » (extrait d'un billet sur le blog de Thierry Maillet : *http://mailletonmarketing.typepad.com/mailletonmarketing/2008/11/le-personal-branding-une-nouvelle-importante.html*).

Les huit lois du Personal Branding

« Les grands esprits ont des buts,
les autres des souhaits », *Washington Irving.*

Dans son livre *The Personal Branding Phenomenon*, Peter Montoya propose les huit lois du « Personal Branding ». Elles sont présentées en conclusion de ce livre car elles en font une bonne synthèse.

Première loi

Une marque personnelle efficace doit être précise. Peu importe que vous soyez spécialiste ou généraliste, il n'est pas pertinent de communiquer sur tout ce que vous savez faire. Sinon, ce n'est plus une marque personnelle mais un catalogue de compétences. Il est important de communiquer sur un seul axe : une force, un talent ou une réalisation personnelle. On pourrait parler de cœur de métier. *Celui qui sait tout faire ne sait rien faire…* Autrement dit : « Il vaut mieux exceller en une chose que d'être médiocre en plusieurs » (Pline le Jeune).

Cette loi relève du domaine de la communication. Elle est en lien avec votre ligne éditoriale et votre *pitch* par exemple. Elle ne signifie pas qu'il faut vous spécialiser, mais qu'il faut mettre en avant ce qui vous rend unique : votre singularité !

Deuxième loi

Votre marque personnelle ne doit pas seulement être connue. Elle doit surtout être *reconnue* par vos pairs et votre entourage (vos références professionnelles et sociales).

C'est la dimension réputation de votre marque personnelle dont nous avons parlé dans la troisième partie du livre. Cette loi indique clairement qu'il ne faut plus considérer les références comme un problème ponctuel lié au chômage pour les salariés ou à la recherche de prospects entre deux contrats pour les freelances. La gestion efficace de vos références est au contraire une solution permanente pour la gestion de votre carrière et de votre marque personnelle.

Troisième loi

Votre marque personnelle doit être sincère et *authentique*. Pascal Baumeister propose une belle interprétation de cette loi sur son blog :

> « Un jour, nous nous sommes tous demandé qui nous sommes. Tous, nous savons qu'être sur la voie qui nous conduit vers cette réponse est source de sagesse et de sérénité.

Les grands de ce monde savent exactement qui ils sont et qui ils ne sont pas. Ils savent miser sur leurs talents et s'associer à des talents complémentaires pour réaliser leurs projets. Ils ne consacrent que peu de temps à "transcender leurs points faibles". Ils savent qu'en misant sur leurs forces, ils misent sur une valeur puissante et profonde.

Et nous savons tous que le fait de ne pas savoir qui nous sommes et ce que nous voulons, c'est comme se retrouver sur un navire au milieu de l'océan sans gouvernail et sans voile. [...] Les grandes personnalités ont toujours su faire en sorte que ce soient leurs projets et non ceux des autres qui gouvernent leurs vies » (*source* : *http://personalbranding.unblog.fr/2008/06/15/les-8-lois-du-personal-branding/*).

Cette loi se réfère donc à la première partie du livre que l'on pourrait résumer ainsi : « Connais-toi toi-même. » Pour être authentique, il faut une bonne connaissance de soi et savoir s'affirmer pour ce que l'on est et ce que l'on veut.

Quatrième loi

Si vous n'êtes pas différent, vous êtes comme tout le monde et vous resterez donc dans la masse. Vous devez montrer votre *différence* par rapport aux autres.

Nous sommes tous différents. Il faut prendre le temps d'analyser ces différences et préparer une communication efficace pour l'expliquer. Cette communication sera d'autant plus efficace si vous pouvez illustrer vos propos avec les recommandations de vos références (... au format CAR bien sûr !).

Cinquième loi

Vous devez *être* plus *visible* que les autres. Plus votre cercle d'influence augmente, plus vous devenez crédible (réseaux sociaux, *networking*, etc.). Il s'agit de surmonter les obstacles culturels qui nous poussent par modestie ou humilité à être invisible. Être plus visible ne signifie pas être vantard ou prétentieux.

Cette loi réfère à la partie 2 de ce livre. Internet est l'outil idéal pour mieux se faire connaître et gérer son réseau professionnel.

Sixième loi

Il ne doit pas y avoir de décalage entre ce que vous dites et ce que vous faites, que ce soit dans la sphère publique ou privée. *Dire ce qu'on fait et faire ce qu'on dit* (principe de congruence).

Cette loi est importante à mettre en œuvre pour ne pas détruire tout seul votre réputation.

Septième loi

Une marque personnelle prend du temps pour s'établir, pour être connue. Il faut *être patient* et y consacrer du temps parce que cela répond à *notre* besoin surtout en temps de crise.

Huitième loi

Pour obtenir de meilleurs résultats, votre marque doit être associée à une *valeur* ou une idée universellement reconnue comme *positive* et intéressante.

La mise en œuvre de cette loi nécessite un travail d'introspection tel qu'il vous est proposé dans la première partie de ce livre.

La loi de l'évolution et de l'évaluation

Votre marque personnelle, votre identité professionnelle évolue à la même vitesse que vous. Elle n'est pas figée. Vos valeurs évoluent avec le temps tout comme vos besoins, vos motivations, vos centres d'intérêt. À plusieurs moments de votre vie professionnelle, il sera nécessaire de faire des ajustements sur les composantes de votre marque. Il est important de ne pas faire ses ajustements uniquement en temps de crise (chômage) car, dans l'urgence, on prend rarement de bonnes décisions.

Une fois par an, en fin d'année, vous pourriez faire un bilan de l'année écoulée : quelles sont vos réussites en termes de Personal Branding ? quels sont vos axes de progrès ? quels ajustements sont nécessaires ? quel plan d'action faut-il mettre en place ?

Relisez également vos réponses aux questionnaires de la partie 1 de ce livre. Est-ce toujours vous ? Avez-vous changé ? Est-ce que vos valeurs (ce que je suis) sont alignées avec vos projets (ce que je veux) ? « Qui suis-je ? » évolue sur une période de cinq à dix ans. Mais « ce que je veux ? » peut évoluer tous les ans.

À la loi de l'évolution s'ajoute celle de l'évaluation. Sans évaluation, point de progrès ! Vous devez donc évaluer vos résultats en termes de promotion de votre identité et vérifier la cohérence entre votre identité et votre réputation. D'une certaine manière, votre réputation professionnelle est une forme d'évaluation de vos résultats en termes de Personal Branding.

Résistez aux préjugés... surtout si ce sont les vôtres !

La lecture de ce livre vous a convaincu de l'importance pour une personne de bien gérer son identité et sa réputation professionnelles. Mais lorsque vous en parlerez autour de vous, vous tomberez forcément sur des *sceptiques*, du fait de leur culture ou de leur personnalité (voir l'introduction de ce livre) ou sur des *technophobes* qui regrettent les temps anciens où tout était si parfait… sans Internet.

Un blogueur s'insurgeait ainsi en ouverture d'un billet sur le sujet : « Les fantasmes sont légion à propos de la réputation en ligne : “Si je n'apparais pas en ligne, je n'existe pas” ; “Si mon futur boss trouve des photos de moi bourré, adieu le job !", entend-on à tout va. »

Reprenons et analysons ces deux affirmations intéressantes :

- *première affirmation* : « Si je n'apparais pas en ligne, je n'existe pas. » La question n'est pas d'exister ou d'être mort sur Internet, mais d'être plus ou moins visible. Cependant, on peut comprendre ceux qui veulent rester discrets ou invisibles pour des raisons professionnelles ou du fait de leur personnalité (introversion, timidité, phobies, peur de déplaire, etc.). Il faut respecter ce choix ou ces traits de caractère. Promouvoir sa marque personnelle sur Internet n'est rien d'autre que la suite logique d'un CV papier ou d'une lettre de recommandation. Il s'agit de contenus auto-promotionnels version papier. Internet est le reflet numérique de notre société. Il est naturel que l'on y retrouve aussi des contenus auto-promotionnels ;
- *seconde affirmation* : « Si mon futur boss trouve des photos de moi bourré, adieu le job ! » Il est certain que les recruteurs qui ont déjà peu de temps pour lire un CV ne s'amusent pas à surfer pendant des heures en cherchant la petite bête. Mais s'ils tombent sur cette photo embarrassante par hasard ou par la magie du PageRank de Google, cela va-t-il les laisser indifférents ? Par ailleurs, c'est déjà arrivé donc ce n'est absolument pas un fantasme. Il est très simple de perdre son emploi grâce aux réseaux sociaux. Fin 2008, treize salariés de Virgin Atlantic ont été licenciés pour avoir critiqué sur Facebook des passagers de la compagnie. Il est presque sûr qu'ils n'ont pas compris que tous leurs contacts pouvaient lire ce qu'ils écrivaient. Ils n'auraient jamais cru que leurs critiques finiraient par sortir d'Internet pour « atterrir » sur le bureau des dirigeants de Virgin Atlantic. Suite à ces licenciements, Richard Branson a déclaré : « Il y a un moment et un lieu pour Facebook. Mais on ne peut justifier que le site soit utilisé par le personnel de toute compagnie pour critiquer les passagers, qui en dernier ressort, paient

leurs salaires. » Dans les prochaines années, chacun de nous apprendra à mesurer l'impact de sa vie numérique sur sa vie en termes d'identité et de réputation. Ce livre vous aidera à rendre cet impact positif.

Le Personal Branding : un choix ou une obligation ?

Après avoir lu ce livre, pensez-vous que le Personal Branding est un choix ou une obligation ?

Le Personal Branding est un choix. On pourrait même dire un choix de vie qui correspond à un trait de caractère, à vos habitudes, à votre personnalité : ceux qui adoptent en premier, les précurseurs et ceux qui suivent le mouvement, les suiveurs.

C'est un choix entre faire comme presque tout le monde uniquement ce que les entreprises nous imposent (le minimum) ou faire la différence en faisant un peu plus que ce que l'on nous impose.

C'est le choix entre un CV et sa lettre de motivation comme unique moyen de gérer notre vie professionnelle ou une réflexion profonde sur notre identité professionnelle (nos passions, nos valeurs), ainsi que la gestion active de notre identité et de notre réputation professionnelles (réseaux professionnels, profil en ligne, blog, ligne éditoriale, gestion des références, surveillance et défense de notre réputation).

LinkedIn compte aujourd'hui 30 millions de professionnels. Ce réseau est en croissance exponentielle. Une très grande partie de ces professionnels a déjà un nombre important de recommandations sur leur profil (entre 10 et 50 références en général, parfois des centaines pour les plus actifs). Vous êtes déjà en compétition avec eux. On ne parle donc pas du futur mais d'aujourd'hui. Outre LinkedIn, Viadeo ou Ecademy, de nouveaux services émergent pour vous permettre une gestion encore plus efficace de votre réputation professionnelle (CV 2.0, Naymz, Repvine).

Dans quelques mois ou dans quelques années, lorsque vous reviendrez sur le marché du travail à l'occasion d'une démission, d'un changement d'orientation ou d'un licenciement, vous constaterez que mieux se connaître, mieux se faire connaître et mieux se faire reconnaître sont les clés du succès.

Il est certain que les précurseurs et les suiveurs n'auront pas les mêmes chances de succès. Nous pourrions donc considérer que, pour ceux qui veulent réussir leur vie professionnelle, *le Personal Branding est aussi une obligation* !

Témoignages

Parmi tous les coachs identifiés et contactés, quelques-uns ont pris le temps de répondre à nos questions. Cette partie du livre vous permettra de comprendre le Personal Branding à travers le regard de quelques praticiens.

Pascale Baumeister, consultante en Personal Branding et coach

Pascale, pouvez-vous nous dire quelques mots sur vous et décrire votre marque personnelle ?

J'ai toujours été passionnée par la personnalité unique de chacun. J'ai lu de nombreuses biographies, et j'admire les personnes qui ont le courage de réaliser ce qui leur tient à cœur.

Aujourd'hui, j'ai la chance d'accompagner les individus dans le développement de leur excellence et de leur équilibre. De permettre à mes clients d'affirmer leurs talents, d'oser montrer leurs différences et de se donner les moyens de réaliser des projets en harmonie avec leurs valeurs profondes.

J'avoue que le fait de permettre à un individu de réaliser sa mission me procure une grande satisfaction personnelle...

Pourquoi avoir orienté votre carrière personnelle vers le Personal Branding ? En quoi est-ce plus efficace que d'autres méthodes ?

J'ai orienté ma carrière personnelle sur le Personal Branding parce que c'était une évidence pour moi... En effet, j'ai démarré celle-ci par le métier de costumière et déjà, j'avais plaisir à faire en sorte que mes personnages soient totalement cohérents.

Puis j'ai dû abandonner cette voie professionnelle pour des raisons familiales et orienter ma carrière vers la formation, pour finir par faire du coaching. Et lorsque j'ai découvert le Personal Branding, j'ai pu enfin connecter mes talents, mes valeurs, mes passions et réaliser ma mission personnelle. Cette profession me correspond totalement. Je n'aurais pas pu être coach en image, car ce n'était pas assez profond pour moi, même s'il m'arrive de conseiller mes clients sur leur apparence lorsqu'ils en ont besoin.

L'efficacité de cette méthode réside dans le fait qu'elle permet aux individus de fonder leur marketing personnel sur des bases solides, leur personnalité, leurs talents, leur expertise, leurs compétences et leurs différences. De définir clairement qui ils sont et où est-ce qu'ils veulent aller, en se posant des questions qu'ils n'ont pas l'habitude de se poser. Mais dont les réponses leur apportent la confiance et la sérénité dont ils ont besoin pour affronter leur avenir et maîtriser leur plan de carrière.

Et à une période où la visibilité écrite est si importante du fait de l'émergence de l'Internet, du networking et des réseaux sociaux, le Personal Branding permet de contrôler consciemment son image et de s'approprier celle-ci. De toucher plus facilement sa cible et de faire valider son expertise.

Pouvez-vous donner un exemple pour montrer comment vous utilisez le Personal Branding avec vos clients ?

La première question de mes clients est : « Comment être visible auprès de mes interlocuteurs et leur donner une image de moi juste et cohérente avec mes aspirations personnelles ? » Son souci est de prendre les rênes de sa carrière et de faire des choix en rapport avec ce qu'il veut vraiment.

Les outils que j'utilise pour leur permettre de révéler leur marque personnelle sont ceux du coaching, de l'hypnose éricksonnienne (relaxation, visualisation), ainsi qu'une approche pédagogique ludique et transformationnelle, telle que le jeu et l'implication (l'engagement à jouer le jeu de la vie).

Il faut dire que faire son parcours de Personal Branding n'est pas une démarche anodine, car cela demande un véritable engagement à soi. La première chose à laquelle les personnes sont confrontées, réside dans le fait de se poser des questions sur soi. Des questions qu'elles se sont rarement posées et qui souvent les remettent en question. Mais après ce cap dépassé, elles en retirent des bénéfices considérables, gagnent en confiance en elles, sont à même de définir ce qu'elles veulent vraiment et trouvent facilement l'énergie qui leur permet de prendre leur vie et leur carrière en main pour réaliser ce qui leur tient à cœur.

Le site de Pascale Baumeister : *http://personalbranding.unblog.fr*

Bernadette Martin, *career transition brand strategist*

Bernadette, pouvez-vous nous dire quelques mots sur vous et décrire votre marque personnelle ?

En tant qu'experte en stratégie de transition de carrière et de marque, je travaille avec des personnes (professionnels, entrepreneurs, diplômés d'un MBA) sur l'élaboration d'une stratégie pour que leur marque personnelle sur internet et ailleurs soit forte et sans équivoque. Au début de ma carrière, à la suite d'un MBA, j'ai passé quinze ans à travailler avec les plus grandes marques d'entreprises en Asie, aux États-Unis et en Europe, avec les clients directement, mais aussi avec leurs agences de publicité. Je me suis installée en France il y a six ans et j'ai fait une transition de la marque des entreprises à la marque personnelle. C'est comme ça que j'ai réalisé mon rêve de devenir entrepreneur et de fonder « Visibility Branding ». Cette transition a été une évolution naturelle qui m'a apporté beaucoup. Je me suis appuyée sur mon désir d'aider les gens à intégrer leurs intérêts, passions et valeurs dans leur carrière pour réussir personnellement, professionnellement et financièrement. C'est vraiment vivifiant d'aider les gens à découvrir leurs forces et à intégrer leur singularité dans une stratégie de marque. En travaillant avec les clients, il y a un aspect coaching quand on identifie le fondement de leur marque personnelle, mais je les accompagne aussi dans les deux étapes suivantes qui sont les tactiques de marketing et de communication et le renforcement du réseau.

Donc en un mot, je dirais que ma marque unique est d'avoir une solide expérience dans les marques d'entreprises et d'être en mesure d'appliquer cette même méthodologie à des marques personnelles. Cela m'aide aussi beaucoup d'avoir la passion de mettre les gens en contact.

Dans mon activité, j'utilise en particulier la méthode « Reach » développée par William Arruda. Il propose en particulier l'évaluation « 360 Reach », qui est un outil excellent car il fournit un feedback externe sur votre marque personnelle.

Pouvez-vous donner un exemple pour montrer comment vous utilisez le Personal Branding avec vos clients ?

Situation de mon client : mon client, Pierre-Henri Blanc, était à l'époque un jeune cadre dynamique de trente ans issu d'une école de commerce. Lorsque nos chemins se sont croisés, il était en recherche d'emploi depuis quatre mois. Auparavant, il venait de passer 4 ans chez PricewaterhouseCoopers (PwC) comme consultant en logistique puis suite à une fusion-acquisition trois ans au département marketing d'IBM. Il avait acquis des compétences mais se sentait trop à l'étroit et pas assez utile dans ces fonctions. Il avait besoin d'apporter plus de sens à sa vie et avait entamé des recherches professionnelles dans les secteurs du commerce équitable et de la microfinance. Avec cet objectif en tête, il avait commencé à s'impliquer d'avantage dans ces domaines en rejoignant une association qui œuvrait pour promouvoir le commerce équitable à Paris. Cependant, sa recherche d'emploi n'aboutissait pas.

Outils, méthodes, processus utilisés : j'ai étudié sa personnalité ainsi que son parcours professionnel mais aussi personnel. Nous avons revu son CV sur le fond comme sur la forme afin de mettre en avant à la fois ses compétences passées et sa forte motivation. Nous avons par exemple créé une section en haut de son CV intitulée « Domaines de compétences » qui mettait en avant ses compétences déjà acquises ayant un rapport avec les compétences nécessaires dans les secteurs et fonctions ciblés afin d'inciter le recruteur potentiel à se plonger dans la lecture du CV.

Nous avons élaboré ensemble un site web personnel : *www.pierreblanc.org*. L'objectif principal de ce site était d'accroître la visibilité de mon client et donc à terme son réseau. Mais ce site lui a aussi permis :

– de manifester sa forte motivation auprès des recruteurs d'autant plus qu'il ne possédait aucune expérience professionnelle dans les domaines recherchés, en dehors de son expérience associative de 6 mois ;

– d'asseoir un peu plus sa crédibilité en montrant au recruteur potentiel qu'il avait acquis par ses propres moyens des connaissances conséquentes dans les domaines en question.

Ce travail de Personal Branding a aidé Pierre à mieux se connaître, mieux connaître ses aspirations et donc mieux se faire connaître. La rédaction de sa biographie et du contenu du site web est le résultat d'un travail important de questionnement.

Le site Web a permis de le différentier des autres candidats et de mettre en avant ses points forts tels que sa forte motivation et son beau parcours professionnel et personnel. Le recruteur qui l'a engagé lui a confié que le site web avait contribué à cela.

Le site de Bernadette Martin : *www.visibilitybranding.com*

Marc Traverson, coach et consultant en communication et marketing personnel

Marc, pouvez-vous nous dire quelques mots sur vous et décrire votre marque personnelle ?

Ancien journaliste du journal *Le Point*, j'ai ensuite dirigé d'importants projets Internet (chez MCI WorldCom, Wanadoo, 123immo) avant de me consacrer au coaching professionnel. Auteur de plusieurs livres, j'anime Troisième Voie, un blog dédié au développement personnel et professionnel.

Pourquoi avoir orienté votre carrière vers le Personal Branding ? En quoi est-ce plus efficace que d'autres méthodes ?

Mon intérêt pour le Personal Branding – que je préfère appeler « marketing personnel » - vient de ma propre expérience de coach indépendant. J'ai vite compris qu'il était indispensable d'utiliser des outils de communication et de marketing d'une manière qui permette de faire connaître mon offre auprès de contacts potentiels, tout en étendant mon réseau relationnel. J'étais déjà très attentif au développement du Personal Branding outre-Atlantique. Ayant été éditeur Internet dans une vie antérieure, je me suis naturellement tourné vers les nouvelles plates-formes de communication (réseaux sociaux, communautés, blogs, etc.).

En 2004, j'ai créé un blog, « Troisième Voie », démarche qui m'a obligé à définir mon identité numérique, ma stratégie de communication et de développement de notoriété professionnelle. C'est devenu mon outil professionnel numéro un.

C'est seulement après avoir expérimenté moi-même les différents aspects du marketing de soi que j'ai développé des formations pour aider d'autres indépendants, consultants et experts, à valoriser leur expertise et leur réseau d'une manière plus efficace. Mon approche est très influencée par mon passé d'éditeur Internet, mais aussi par ma pratique de coach.

Dans le marketing personnel, le plus important selon moi, est que la personne soit au clair avec toutes les facettes de son projet professionnel. Une fois cette étape franchie, il devient relativement aisé de choisir le mix de communication le plus adapté pour atteindre les cibles visées et travailler vers un développement professionnel durable.

Le site de Marc Traverson : *www.troisiemevoie.com.*

Lydia Meseguer,
***strategist Personal Branding* et coach**

Lydia, pouvez-vous nous dire quelques mots sur vous et décrire votre marque personnelle ?

J'ai exercé pendant sept ans dans la communication suivie d'une période intense de dix-sept ans en bourse et dans le monde de la finance. Au quotidien, j'ai cherché à révéler une image et une personnalité fortes et authentiques de moi-même dans un monde masculin.

Forte d'une longue expérience professionnelle et d'un goût affirmé pour la relation humaine et personnelle, je me suis orientée vers le coaching, puis je suis devenue maître praticienne en PNL.

Ma marque personnelle s'est construite à la croisée de deux expériences riches et différentes :

– l'entreprise, la finance et le management ;

– le développement personnel, le coaching et la PNL.

Avec une énergie et une perception aiguë du changement, j'utilise ma vision stratégique pour éclairer, guider et transmettre à l'individu l'impulsion créatrice dans les phases de transition de son existence.

Pourquoi avoir orienté votre carrière personnelle vers le Personal Branding ? En quoi est-ce plus efficace que d'autres méthodes ?

Je savais que le succès de l'entreprise dépendait, et dépendra toujours plus, pour une très grande part, de l'importance accordée au facteur humain, qui pourra constituer, soit un frein, soit un accélérateur de progrès, de développement et d'intégration.

Mon mémoire de fin d'année de coaching sur « La voie du samouraï » m'avait amenée à réaliser l'importance de la force, des talents, des valeurs, de la mission, de l'unicité et de l'authenticité. Le Personal Branding correspondait exactement à ce que je recherchais, le samouraï m'avait mis sur le chemin : se démarquer, être différent pour être SOI-MÊME.

Le Personal Branding n'est pas un simple outil à disposition des coachs mais une démarche qui nous permet de rentrer en contact avec nos forces, nos talents, nos valeurs, puis de les vivre pleinement, quotidiennement, intimement.

L'ordre dans lequel les étapes, très spécifiques, s'enchaînent nous permet de nous voir petit au début et très grand à l'arrivée.

Le Personal Branding m'a permis de focaliser mon énergie comme le laser le fait avec un rayon de lumière, pour en multiplier la puissance. Et c'est vrai !

Le site de Lydia Meseguer : *www.brandingcoaching.com.*

Bibliographie

Ouvrages

ARRUDA W., DIXSON K., *Career Distinction : Stand Out By Building Your Brand*, experts en stratégie de marque, http://www.career-distinction.com

BOMMELAER H., *Booster sa carrière grâce au Réseau*, Paris, Eyrolles, 2007.

MONTOYA P., *The Personal Branding Phenomenon*, *www.petermontoya.com*

MONTOYA P., « The Brand Called YOU : The Ultimate Brand-Building and Business Development Handbook to Transform Anyone into an Indispensable Personal Brand », *www.petermontoya.com*

PETERS T., *The Brand You 50*, Éditions Alfred A. Knopf, 1999.

Articles de presse

DUFIEF V., « Comment lutter contre une atteinte à sa réputation sur internet », Écrans (un site de *Libération*) : *http://ecrans.fr/Comment-lutter-contre-une-atteinte, 3703.html*

GOMES K. « Personal Branding to win the world », *http://sundaytimes.lk/070218/FinancialTimes/ft313.html*

MANN B. « Web 2.0 and Personal Brand Development Presentation », *http://www.bryght.com/blog/boris-mann/web-2-0-and-personal-brand-development-presentation*

NEUER L., « Notre vitrine sur Internet : effacer les indésirables », *Le Point* : *http://www.lepoint.fr/actualites-societe/notre-vitrine-sur-internet-effacer-les-indesirables/1597/0/260256*

PETERS T., « The Brand Called You », *http://www.fastcompany.com/online/10/brandyou.html*

SCALBERT A., « Des nettoyeurs du Web pour redorer votre blason numérique », Rue 89 : *http://www.rue89.com/2008/04/30/des-nettoyeurs-du-web-pour-redorer-votre-blason-numerique*

Discours de Steve Jobs, CEO d'Apple, lors de la remise de diplôme de l'université américaine Stanford en 2005 : *http://news-service.stanford.edu/news/2005/june15/jobs-061505.html* Version française : *http://blog.aysoon.com/retranscription-du-discours-de-steve-jobs-a-stanford*

Blogosphère

BAUMEISTER P., http://PersonalBranding.unblog.fr/2008/06/15/les-8-lois-du-Personal-Branding/

DELOBELLE V., *http://www.vaninadelobelle.com/Stop-au-lissage-des-personnalites-en-ligne- !_a1037.html*

DOPPELGANGER (identité, réputation, et recrutement numériques) : http://www.doppelganger.name/

MEMBRADO M., *http://membrado.blogs.com/*

MARTIN G., *http://gillesmartin.blogs.com/*

DUPERRIN B., *http://www.duperrin.com/* Voir en particulier : *http://www.duperrin.com/2008/02/17/reputation-en-ligne-un-peu-de-regulation-simpose/*

SAVOIR EN RÉSEAU : http://www.savoirsenreseau.com

WEISGERBER C., « Les règles du blogging », *http://www.slideshare.net/corinnew/blogging-managing-your-Personal-brand-presentation?src=embed*

D'autres références bibliographiques ou blogosphériques figurent dans le corps du texte de ce livre.

Le blog associé au livre

Ce livre est le fruit d'échanges, de discussions qui ont commencé dans la blogosphère début 2006 et qui se poursuivent actuellement dans la blogosphère.

Pour être informé des nouveautés et de l'actualité du Personal Branding, je vous invite à visiter le blog associé à ce livre : *http://www.personal-branding.axiopole.info*